KABIR
Cem Poemas

KABIR

Cem Poemas

SELECIONADOS POR
RABINDRANATH TAGORE

VERSÃO, ENSAIOS E NOTAS
JOSÉ TADEU ARANTES

2ª edição revisada
1ª reimpressão

ATTAR EDITORIAL
SÃO PAULO, 2019

Copyright © 2013, 2016, 2019 Attar Editorial

Versão, ensaios e notas
José Tadeu Arantes

Projeto gráfico
Silvana de Barros Panzoldo

Edição e revisão técnica
Sergio Rizek

DADOS DE CATALOGAÇÃO NA PUBLICAÇÃO (CIP)
(CÂMARA BRASILEIRA DO LIVRO)

Kabir, Ca. 1440-1518
    Kabir: cem poemas / seleção e tradução ao inglês de R. Tagore ; tradução, ensaios e notas de José Tadeu Arantes – São Paulo : Attar, 2016.
    Bilbliografia.
    ISBN 978-85-85115-45-6

1. Filosofia hindu 2. Misticismo – Hinduísmo 3. Poesia indiana I. Tagore, Rabindranath, 1861-1941 II. Arantes, José Tadeu III. Título.

88-1665   CDD-891.402
                                                             -294.542

Índices para catálogo sistemático:
1.   Misticismo : Hinduísmo 294.542
2.   Poesia : Literatura indiana, 1345-1645   891.402

ilustrações:
Capa: Kabir com um discípulo, 1825.
Artista desconhecido. Central Museum, Jaipur

pág 7: Kabir em seu tear, circa 1790
Artista desconhecido .Victoria & Albert Museum, Londres

ATTAR EDITORIAL
Rua Madre Mazzarello, 336
São Paulo – SP – 05454-040
Fone/Fax : (11) 3021 2199 – attar@attar.com.br
www.attar.com.br

Sumário

11
Prefácio
O TECELÃO DA PALAVRA

27
Cem Poemas

131
Posfácio
O PENSAMENTO POR TRÁS DOS VERSOS

140
Notas

Prefácio
O TECELÃO DA PALAVRA

Para a humanidade, que tateia no escuro, os grandes mestres espirituais são como lampejos que iluminam momentaneamente o cenário e sinalizam o caminho. Homens e mulheres que buscaram e alcançaram, credenciam-se a conduzir pelas mãos os que vêm atrás. Assim foi Kabir, o grande poeta indiano do século XV. Iletrado, produziu uma obra poética que surpreende até hoje pela genialidade; crítico ferino da religião institucionalizada e acusado de heresia, foi reconhecido como santo pelo hinduísmo, o islamismo e o siquismo; irreverente até o limite da insolência, tornou-se um guia consumado do ioga e do sufismo: tecelão e sábio, Kabir desafia os rótulos e as classificações.

Como outros grandes mestres do passado, seu rosto imerge da veladura dos séculos como uma imagem difusa no meio da névoa. Existem inúmeras lendas a seu respeito, uma mais fantástica do que a outra. Mas sua biografia não lendária resume-se quase que somente a um nome, por trás de uma obra poética cuja própria autenticidade chega a ser, às vezes, contestada.

Poeta oral, declamou, ou melhor, cantou sua poesia na cidade santa de Varanasi (Benares). Os que a ouviram, transmitiram-na de boca em boca, antes que ela fosse reunida em diferentes coleções e fixada por escrito em vários idiomas – tantos que, para verter uma amostra minimamente representativa da produção kabiriana ao inglês, um erudito contemporâneo precisou traduzir material de nada menos do que 11 línguas: sânscrito, árabe, farsi, híndi, urdu, avadhi, bhojpuri, braj bhasha, rajasthani, khadi boli e punjabi.[1]

Essa poesia, solvente como o *alkahest* dos alquimistas, capaz de decompor e arrastar todas as impurezas, atuou e atua como um poderoso princípio medicinal, expurgando da mente humana o medo, a pequenez e o preconceito, e abrindo espaço para a manifestação da vasta realidade supramental.[2]

O tempo, o lugar e as pessoas

Kabir! Desde o nome, buscamos o homem. Porém não é fácil encontrá-lo. Como tudo que lhe diz respeito, seus locais exatos de nascimento e morte são disputados. Mas isso não nos deve surpreender. Assim como ocorreu com outros homens e mulheres ilustres, é compreensível que diversas cidades reivindiquem para si a glória de ter trazido à luz ou de ter subtraído dela o poeta. Ao menos quatro construções diferentes – uma islâmica e três hinduístas – assinalam os lugares onde o mestre teria supostamente exalado o seu último suspiro ou sido enterrado.

Onde quer que tenha iniciado ou consumado a vida, é certo que passou a maior parte dela em Varanasi, também conhecida pelos nomes de Benares e Kashi. Segundo a tradição, esse renomado núcleo urbano, antigo ao ponto de ser citado no *Rig Veda*, no *Ramayana* e no *Mahabharata*, foi fundado pelo próprio deus Shiva, há milhares de anos. Intimamente associada ao Ganges, e famosa por seus *ghats* (escadarias) e *shmashanas* (crematórios) nas margens do rio, Varanasi é uma das sete cidades sagradas do hinduísmo.

Apesar de a poesia de Kabir ser inteiramente voltada para a dimensão espiritual da existência, a realidade física de Varanasi e a proximidade sensível do Ganges perpassam seus versos. Neles, podemos ouvir o burburinho das ruas cheias de gente e ver a superfície do rio encrespar-se nos dias de tempestade. Por meio desses versos mágicos, e com um esforço de imaginação, capaz de abstrair do cenário atual o caos urbano da Índia moderna, tentemos reconstruir mentalmente a cidade dos tempos do poeta, quando esta se encontrava sob o domínio islâmico do Sultanato de Delhi (1206 – 1526), que controlou uma vasta porção do norte indiano, antes de ser submetido pelo também muçulmano Império Mughal (1526 – 1857).

Então, como agora, Varanasi se notabilizava por dois tipos de atividade: a tecelagem e a religião. Tecidos quase transparentes de tão finos ou ricamente bordados com fios de ouro e ornamentados com pedras preciosas faziam a fama de seus artesãos. E, nos festivais religiosos, especialmente no *mahashivaratri*, a grande noite de Shiva, multidões de devotos e peregrinos aglomeravam-se nos *ghats* para o banho ritual no Ganges.

O *mahashivaratri* continua a ser celebrado anualmente em uma data móvel, calculada com base no calendário lunar. Tivemos a oportunidade de participar dessa comemoração em 2010, durante a *kumbha mela*[3] de Haridwar. Separados de Kabir pela blindagem do tempo, nossa experiência nos ajuda a imaginar como podem ter sido esses festivais nos tempos do poeta.

Segundo a contagem oficial, 8 milhões de peregrinos afluíram a Haridwar no *mahashivaratri* de 2010. No rigor do inverno norte-indiano, as atividades começaram, na véspera, com a marcha de milhares de ascetas inteiramente nus. Com os corpos cobertos de cinzas, cabelos emaranhados que chegavam à cintura e barbas espessas que desciam até o meio do peito, pesados rosários pendurados no pescoço, e tridentes ou espadas nas mãos, esses *sadhus* constituíam um espetáculo impressionante.[4] Atrás deles, incontáveis multidões, com bandas de música, dançarinos, carros alegóricos, cavalos e até elefantes compunham cortejos multicoloridos, que mais pareciam desfiles carnavalescos do que aquilo que o cinzento Ocidente convencionou serem procissões religiosas. Os participantes se espalharam depois por vários acampamentos, para cumprir o jejum diário e a vigília noturna, com entoações de *mantras* (sílabas místicas) e *bhajans* (cânticos devocionais) em volta de fogueiras, até o irromper do dia seguinte, quando todos voltaram a se juntar nos *ghats* da cidade, para a imersão nas águas geladas do Ganges.[5]

Mesmo suscitando a crítica e a condenação dos religiosos convencionais, essas manifestações exuberantes e heterodoxas parecem ter sido bem aceitas pelas autoridades islâmicas na época de Kabir. A flexibilidade dos dirigentes fazia do Sultanato de Delhi um vasto mosaico multiétnico e multirreligioso, no qual seguidores das mais diversas tradições espirituais podiam coexistir em relativa harmonia. Esse ambiente tolerante e inclusivo seria mantido pelo esplêndido Império Mughal até datas bem tardias – mais especificamente até o desastroso reinado de Aurangzeb (1618 – 1707).[6] Mas isso tudo aconteceu muito depois Kabir. A época exata em que viveu o poeta é outro tema disputado. Os *kabirpanthis*,[7] que atribuem ao mestre um período de vida extraordinariamente longo, de 120 anos, afirmam que ele nasceu em 1398 e morreu em 1518. Existências extensíssimas, e até mesmo a imortalidade física, pontuam as biografias ou as lendas de muitos grandes iogues. Mas os pesquisadores acadêmicos acharam que 120 anos era tempo demais e resolveram abreviar a vida do poeta. Porém, se todos estavam de acordo em relação ao corte, as opiniões se dividiram quanto ao que cortar. No arco compreendido entre 1398 e 1518, vários intervalos menores foram propostos, todos com ótimas justificativas, que não levaram a conclusão nenhuma. Nesta apresentação, basta reter que o poeta viveu no século XV, ainda nos tempos do Sultanato de Delhi.

Como ocorre ainda hoje, a ostentação religiosa era traço característico daquela época. Esse vício comportamental sempre foi criticado pelos grandes mestres. É bem conhecida a passagem do *Evangelho de Mateus* em que Jesus ensina seus seguidores a orar em segredo, a portas fechadas, e não em locais de grande visibilidade, como faziam os hipócritas.[8] No tempo e no lugar em que viveu Kabir, o exibicionismo da fé esteve em voga tanto no meio hinduísta quanto no meio muçulmano. Ostentar piedade religiosa em público era um modo fácil e relativamente barato de conquistar *status* social. O poeta ironizou e fustigou tal comportamento em seus versos. Mas, ao lado dessa religiosidade epidérmica e falastrona, houve igualmente, naquele contexto, um movimento de interiorização espiritual sincero e profundo. Não foi à toa que a fundação ou codificação do siquismo pelo guru Nanak (1469 – 1539) tenha ocorrido nesse ambiente. Kabir, reivindicado como precursor pelos siques, foi, em grande medida, um produto desse impulso místico, e, ao mesmo tempo, aquele que mais profundamente o influenciou.

As duas tradições que melhor expressaram essa tendência centrípeta e espiritualizante foram o *bhakti ioga* (o caminho devocional hinduísta) e o sufismo (a espiritualidade interior muçulmana). Ambas elegeram o amor místico como via privilegiada de acesso ao Divino, e a poesia amorosa como forma preferencial de expressão. Já antigos naquele tempo, o *bhakti ioga* e o sufismo viveram um auge no período medieval. Para a confluência de ambos, o Sultanato de Delhi era o meio propício; Varanasi, a cidade adequada; e Kabir, o homem certo no lugar certo. O amor místico permeou seus versos, fazendo-o escalar alturas poucas vezes igualadas na paisagem da poesia devocional.

O encontro com o Destino

Segundo a tradição, Kabir nasceu em uma família hinduísta da casta dos brâmanes (sacerdotes). Porém, viúva e empobrecida, sua mãe o abandonou na mais tenra idade. Ele foi adotado e educado por um casal de muçulmanos pobres, o tecelão Niru e sua esposa Nima, que, sem poder ter filhos, rezavam a Allah, pedindo por um. Naquele tempo, como ainda hoje, a comunidade islâmica dominava a produção e o comércio de tecidos finos na Índia. E sua mestria, tanto no desenho e na confecção das peças mais elaboradas quanto na arte da pechincha e do regateio na hora de vendê-las, era uma herança transmitida de geração a geração. Nomeado Kabir ("Grande", em árabe), que é um dos 99 nomes de Deus mencionados no *Corão*, o menino recebeu, dos pais adotivos, o afeto, o ofício e a religião.

A fértil imaginação dos devotos criou várias lendas para explicar como esse órfão pobre, de baixa condição social, e ainda por cima muçulmano, veio a se tornar discípulo do célebre santo e sábio hinduísta Ramananda. A menos verossímil, porém mais interessante, diz que Kabir encontrou seu mestre, ou foi encontrado por ele, quando ainda era criança. Conforme o relato, havia, na época, um costume que possibilitava a qualquer indivíduo ser aceito no seleto círculo de seguidores de um grande instrutor espiritual. Bastava que, em determinado dia do ano, esse mestre pronunciasse sobre a pessoa um nome divino. O episódio teria ocorrido em uma dessas datas auspiciosas. Nessa ocasião, como fazia diariamente, Ramananda desceu bem cedo as escadarias do Ganges, para o banho ritual no rio sagrado. Qual não foi sua surpresa quando, ainda na escuridão que antecede o amanhecer, sentiu uma pequena mão agarrar-lhe o pé. Espantado, o santo deu um passo para trás, e pronunciou em voz alta seu nome favorito de Deus: "ó Ram!". Fixando o olhar, percebeu que aquela mãozinha vinha de um braço no qual estava tatuado, em caracteres arábicos, a palavra Kabir. Imediatamente, entendeu que o Destino colocara aquele menino em seu caminho. E que era um dever espiritual recebê-lo em seu *ashram* (eremitério).

Outra versão, mais plausível, afirma que Kabir já era moço quando procurou a tutela do mestre. Tendo morrido seu pai adotivo, ele o substituíra como arrimo da família, tecendo e vendendo os panos que asseguravam o magro sustento da mãe e de si mesmo. Durante o trabalho, porém, entrava frequentemente em êxtase e, absorto no Divino, tecia peças fora da medida ou deixava-se roubar por ladrões quando as expunha no mercado. Sua exuberante vocação espiritual precisava ser disciplinada por meio de uma prática ióguica rigorosa. E o jovem místico foi buscar essa orientação com Ramananda, que o acolheu afetuosamente assim que ouviu seu pedido.

As duas versões convergem em um ponto: Kabir não foi aceito com boa disposição pelos discípulos do mestre. Ao contrário, com a mente atulhada por ridículos preconceitos de casta, muitos deles, provenientes de famílias brâmanes tradicionais, deixaram o *ashram* em protesto. Mas Ramananda não abriu mão de sua decisão. Quando jovem, ele mesmo sofrera na carne a ferroada do preconceito, pois, tendo viajado para o sul da Índia, em visita à sua família de origem, fora segregado pelos colegas ao voltar, sob a alegação de que, durante a ausência, poderia não ter cumprido, com toda a minúcia, as regras rituais de pureza relativas à alimentação. Ficou tão magoado com esse comportamento absurdo que abandonou o *ashram* de seu mestre e prosseguiu sua *sadhana* (caminho espiritual) sozinho, em uma cabana erguida às margens do Ganges. Quando se tornou um mestre realizado, adotou como lema a seguinte frase: "Não perguntes ao homem a que casta ele pertence ou que alimentos ingere. Se o homem é devoto de Hari, ele se torna o próprio Hari".[9]

Ramananda, considerado um dos maiores expoentes do *bhakti ioga* hinduísta,[10] foi o primeiro mestre da época a aceitar discípulos de todas as castas e credos. Um de seus poemas chegou a nós, por intermédio do *Guru Granth Sahib*, o livro sagrado dos siques. A temática e até mesmo algumas expressões e palavras lembram imediatamente Kabir. Mas é impossível saber até que ponto isso corresponde às características originais do poema ou decorre de um esforço de harmonização dos compiladores. Nesta recriação em português, nos pareceu conveniente transformar seus octetos em quadras:

> Ó irmão! Aonde irei e por que,
> Se a felicidade que busco
> Reside em minha própria casa,
> Se no coração a mente ancora?

> Arrebatado, corri ao templo,
> Com flores e pasta de sândalo.
> O guru fez-me entender
> Que estava em mim o amado Brahman.[11]

> Se não o achar no coração,
> De que serve reler os *Vedas*,
> Por que gastar o tempo e os olhos
> Nas letras mortas dos *Puranas*?[12]

> Para onde meu olhar se volte,
> Não vejo senão pedra e água.
> Mas ele está onipresente,
> Ele permanece imutável.

Ó real guru! Sou teu servo,
Tua pira de sacrifícios.
Com tuas chamas queimaste
Minha dúvida, meu medo.

Ó Ramananda! Teu Senhor
É o indescritível Brahman.
Uma só sílaba de sua boca
Pode redimir mil pecados.

Sob a direção desse instrutor generoso, Kabir firmou o passo e cresceu no caminho espiritual, até alcançar, ele mesmo, o *status* de santo e sábio, reconhecido por numerosos discípulos e inúmeros admiradores. Mas, além de Ramananda, outro guia, ainda maior, o teria conduzido na difícil senda do ioga. Essa informação, mantida em sigilo por séculos, foi divulgada ao grande público por Paramahansa Yogananda (1893 – 1952) em sua célebre autobiografia.[13] Disse Yogananda que Kabir teve um guru secreto, que o iniciou nos conhecimentos mais avançados e esotéricos. Esse mestre oculto teria sido ninguém menos do que Bábaji, classificado por seus seguidores como o *Mahasiddha* ("maior dos iogues perfeitos") e o *Mahavatar* ("maior das encarnações divinas"). Para os devotos de Bábaji, a presença do misterioso iogue é quase palpável em vários poemas kabirianos (muitos deles recriados neste livro).

Nossos poucos dados confiáveis estão acabando. Mesmo as biografias melhor documentadas deixam, ao final, um sentimento de frustração. Porque ninguém, senão a própria pessoa, e às vezes nem ela mesma, sabe o que se esconde em seu coração. O que dizer da vida de um tecelão afastado de nós pelo manto dos séculos e pelos véus da lenda? Ainda mais quando toda a existência real desse indivíduo – suas batalhas, suas derrotas, suas vitórias – foi tecida com fios imateriais. Restam-nos algumas migalhas. Tratemos de nos satisfazer com elas.

Consta que, ao contrário de muitos místicos, que seguiram a árida estrada da renúncia e do celibato, Kabir casou e teve dois filhos. A tradição atribuiu à sua esposa o nome de Loi. Sacerdotes hinduístas e mulás muçulmanos condenaram seus ensinamentos como heréticos. Reis e sultões os ouviram com enlevo e reverência. Cantadores de rua os repetiram, ao som de toscos instrumentos. O povo simples os memorizou, e, talvez por isso, tenha subido um ou mais degraus na escada do autodesenvolvimento. No crepúsculo de uma longa existência, e a despeito das súplicas dos discípulos e do próprio soberano da cidade, o poeta teria deixado a amada Varanasi para viver seus últimos dias em Magahar, cerca de 160 quilômetros ao norte. Aos que argumentaram que cometia um grande erro, pois era uma bênção espiritual poder morrer na cidade santa, ele respondeu com estes versos:

"Kashi ou Magahar, para o homem contemplativo, qual a diferença?

Se minha devoção se esgotar, o que me conduzirá à margem oposta?"

A tradução de Tagore e esta recriação

Kabir foi um poeta praticamente desconhecido no Ocidente até que Rabindranath Tagore (1861 – 1941) traduzisse cem de seus poemas do bengali para o inglês. Essa tradução, feita por Tagore no auge da fama, foi publicada, em 1915, com prefácio da notável escritora, pacifista e mística britânica Evelyn Underhill (1875 – 1941).[14]

Quando verteu Kabir para o inglês, fazia apenas três anos que Tagore emergira do semianonimato para a celebridade mundial e dois anos que se tornara o primeiro não ocidental a receber o Prêmio Nobel de Literatura. A ascensão desse poeta, dramaturgo, compositor, educador e pensador bengali ao estrelato foi de uma rapidez que beira o mistério.[15] Nascido em uma rica família da casta dos brâmanes e filho de Debendranath Tagore, um dos muitos indianos cultos de seu tempo que procuraram responder ao desafio do domínio colonial britânico com o resgate e a revitalização da cultura tradicional da Índia,[16] Rabindranath foi educado em casa e, mais tarde, chegou a empreender, mas não concluiu, estudos jurídicos na Inglaterra. De volta à terra natal, dedicou-se à literatura e às artes. Porém, até os 51 anos, sua fama praticamente não ultrapassara os horizontes da comunidade letrada de Calcutá.

Com essa idade, Rabindranath resolveu empreender, na companhia do filho, uma nova viagem à Inglaterra. Isso ocorreu em 1912. As viagens, na época, especialmente as realizadas por pessoas abastadas, eram empreitadas que duravam muito tempo, tanto no translado de navio, quanto na permanência no país visitado. Para passar o tempo, durante a longa travessia marítima, Tagore resolveu verter ao inglês sua mais recente coleção de poemas, escritos no idioma bengali, o *Gitanjali*.[17] Essa tradução amadora, feita em um caderno de anotações, era um simples entretenimento, sem pretensões à publicação. Já na Inglaterra, a valise de Tagore, com o caderno, e a tradução, foi perdida pelo filho do poeta no metrô de Londres. Mas alguém, que a achou, devolveu-a britanicamente ao seu dono. E, assim, por meio destes e de outros movimentos aparentemente fortuitos, o *Gitanjali*, traduzido, foi parar nas mãos do já então célebre poeta e místico irlandês William Butler Yeats (1865 – 1939). Perplexo com o que leu, Yeats insistiu na publicação da obra e escreveu um prefácio para ela. O prestígio de Tagore difundiu-se e avolumou-se como fogo em palha seca. Em menos de um ano, a Academia Sueca concedeu-lhe o Prêmio Nobel de Literatura. Em três anos, o rei George V o sagrou cavaleiro – honraria a que renunciou mais tarde, em protesto contra o massacre de 400 patriotas indianos por tropas britânicas.

Foi nesse contexto, e como fruto de seu estreito relacionamento com os círculos literários e místicos britânicos, especialmente com Evelyn Underhill, a verdadeira mentora da obra, que Tagore verteu Kabir. Sua tradução não é abrangente e rigorosa como a mais recente, de Vinay Dharwadker.[18] Na verdade, a versão que Tagore faz de Kabir tem a marca de uma época ainda não perpassada pelas virtudes e os vícios da produção acadêmica. E se sustenta mais no entusiasmo e na ressonância espiritual do que na erudição e na precisão técnica. De fato, em vários momentos, o tradutor parece tão enlevado pelas ideias do autor que se esquece de que é, ele também, um grande poeta, e traduz poesia por prosa.

Seu material de base não foi o conjunto da obra kabiriana, dispersa, como já dissemos, em diferentes coleções, que formam uma verdadeira colcha de retalhos multilinguística e multicultural. O que utilizou foi um lote específico de poemas, publicados, em edição bilíngue, nos idiomas híndi e bengali, por seu grande amigo Kshiti Mohan Sen.[19] Acadêmico respeitado, professor de sânscrito e história antiga e medieval, Kshiti Mohan Sen foi um dos tantos intelectuais que se engajaram no renascimento cultural da Índia, fazendo do riquíssimo patrimônio religioso, filosófico, científico e artístico de sua terra um escudo e um refúgio diante da avassaladora presença britânica. Seu neto, Amartya Sen, viria a ser o primeiro indiano a receber o Prêmio Nobel de Economia. Com os recursos disponíveis em sua época, Kshiti Mohan Sen dedicou-se laboriosamente à composição dessa coleção, reunindo poemas publicados em livros antigos, registrados em manuscritos raros ou cantados nas ruas de Bengala por ascetas errantes e menestréis. De posse da matéria bruta, tratou de expurgar as mais óbvias intromissões apócrifas, para ficar com o que lhe pareceu ser a autêntica palavra do santo e sábio de Varanasi.

Tagore tornou disponível esse precioso legado aos leitores de língua inglesa. E, retraduzida em vários idiomas, sua versão, hoje quase centenária, acabou por transformar-se, pouco a pouco, no próprio Kabir. Muitos citaram o grande místico a partir de traduções do texto de Tagore. E existem milhares de remissões a ele na internet. É impossível, dadas as circunstâncias históricas, que qualquer outra tradução, mesmo uma que se beneficie dos rigores da moderna pesquisa acadêmica, como a de Vinay

Dharwadker, venha a ter a mesma difusão e exercer comparável influência. Diante disso, e por amor aos ensinamentos desse sublime mestre, que afrontou as tolas distinções de credo e de casta, para oferecer à humanidade que vaga nas trevas um vislumbre da luz, resolvemos empreender esta recriação, em língua portuguesa, dos *Cem Poemas de Kabir*, a partir da versão de Tagore.

De saída, nosso trabalho impunha uma escolha. Ser inteiramente fiel à letra de Tagore e deixar escapar o espírito de Kabir – pois está claro que isso ocorreu em vários poemas da versão inglesa, principalmente naqueles transformados em extensas dissertações prosaicas, cheias de cansativas repetições de palavras, imagens e conceitos, e comprometidas por um tom devocional excessivamente sentimental. Ou, honrando a tradução de Tagore, admitir traí-la quando necessário, para buscar, por trás do texto, a voz; e, por trás da voz, o espírito, que se pronunciou pela boca do grande mestre medieval. Optamos pelo segundo caminho.

Para empreendê-lo, apoiamo-nos em duas muletas. Uma prolongada familiaridade com os conteúdos e formas das tradições espirituais, resultante de anos de teimosa insistência. E uma atitude inteiramente receptiva, em busca da percepção, ainda que mínima e fugaz, do plano mais alto do qual a poesia mística se derrama. A consulta ao livro de Vinay Dharwadker foi útil, menos por oferecer opções de tradução, uma vez que poucos poemas fazem parte simultaneamente das duas obras, e mais por mostrar que, diante de uma poesia oral que, desde a origem, admitiu tantas versões divergentes, não devíamos ter medo de recorrer à intuição, desde que pudéssemos escorá-la na rigorosa fidelidade aos conceitos tradicionais.

Na grafia das palavras, adotamos, como principal critério, a simplicidade, desde que fosse preservado o étimo. Por essa razão, assim como nos permitimos usar "ioga" em vez de "yoga", preferimos "islam" a "islã". Quanto às palavras de origem estrangeira não usuais no país, procuramos escrevê-las na forma mais encontrável na literatura internacional, predominantemente em língua inglesa, destacando-as com itálico. Exemplos: *chakra*, *vibhuti*, *bhakti* etc. Em relação ao uso de letras maiúsculas para iniciar as palavras relativas ao Divino, decidimos, após muita hesitação, pela máxima parcimônia, utilizando minúsculas na grande maioria dos casos. E o fizemos tanto para não sobrecarregar o texto com a inserção de numerosas palavras principiadas por maiúsculas quanto por um motivo, mais profundo, de natureza filosófica. Pois, para sermos coerentes com o pensamento não dualista (*advaitim*) de Kabir, deveríamos estender a noção de divindade a todos os entes e fenômenos do cosmo. Vale dizer que, no limite, teríamos que escrever o livro inteiro em maiúsculas.

Em vez de "tradução", preferimos chamar nosso trabalho de "recriação", pois uma tradução estritamente técnica demandaria dominar as línguas originais e cotejar as diferentes coleções. Não foi o que fizemos. Trabalhamos sobre a versão inglesa de Tagore, buscando recriar, em português, aquilo que imaginamos que Kabir tenha dito – ou poderia ter dito. Se alcançamos ou não o objetivo pretendido, que o digam os leitores. De qualquer forma, produzir este livro foi, para nós, um aprendizado e uma alegria. Se aqueles que o tiverem em mãos forem tão gratos ao lê-lo quanto o fomos ao escrevê-lo, estaremos mais do que recompensados.

Cem Poemas

[1]

Por que me procuras tão longe, amigo,
Se estou sempre contigo?

Não no templo ou na mesquita,
Não no Kailasa ou na Kaaba.

Não no ritual ou na cerimônia,
Não no ioga ou na renúncia.

Busca-me e me encontrarás.
Tua procura só durará um instante.

Kabir diz: Escuta, meu irmão!
Ele é a respiração da respiração.[20]

[2]

Por que perguntar ao homem de que casta ele provém?
O sacerdote, o guerreiro, o comerciante provêm, todos, de Deus.

Por que perguntar ao homem a qual casta ele se filia?
O barbeiro, a lavadeira, o carpinteiro são, igualmente, filhos de Deus.

O santo Ravidas e o grande vidente *swapasha*[21]
Não nasceram, os dois, como párias, a quem denominais intocáveis?

Hindus e muçulmanos destinam-se à mesma meta,
Na qual todos se irmanam, e onde não subsiste nenhuma distinção.

[3]

Ó amigo!

Busca enquanto vives! Encontra enquanto vives!
Pois é na vida que a liberdade habita.

Se tuas amarras não forem rompidas em vida,
Que esperança de libertação terás na morte?

Não é mais do que um sonho enganoso
Crer que a alma suba a Deus só por deixar o corpo.

Se o alcançares agora, o alcançarás depois.
Se não o alcançares, ficarás retido na cidade dos mortos.

Para encontrá-lo, aqui e além,
Imerge no nome veraz! Entrega-te ao guru verdadeiro!

Kabir diz: É o espírito da busca que liberta.
De tal espírito sou escravo.

[4]

Ó amigo!

Não busques o jardim distante. Fica onde estás.
Pois em ti mesmo há um jardim florido.

Toma teu lugar sobre o lótus das mil pétalas,[22]
E dali contempla a beleza infinita.

[5]

Ó asceta,
Como renunciar a Maya?[23]

Renunciei ao lar,
Apeguei-me às roupas.
Renunciei às roupas,
Apeguei-me aos farrapos.

Renunciei às paixões,
Inflamei-me na raiva.
Renunciei à raiva,
Enregelei-me na avidez.

Quando venci a avidez,
Enchi o peito de orgulho –
A mente ainda presa
Na vaidade da renúncia.

Quando a mente se aquietou,
Pude, então, sorrir para Maya.
E uma nova compreensão
Penetrou minhas palavras.

Kabir diz: Escutai, meus bons irmãos!
A outra margem raramente é alcançada.

[6]

A lua brilha em mim,
Mas meus olhos cegos não podem vê-la.
O tambor da eternidade soa em mim,
Mas meus ouvidos surdos não podem ouvi-lo.
O cervo tem em seu corpo o almíscar,
Mas de bom grado o trocaria por capim.

Enquanto clama pelo "eu" e o "meu",
O trabalho do homem é inútil.
Quando o apego ao "eu" e ao "meu" se esvai,
O trabalho do Senhor acontece.
As flores florescem pelos frutos
E fenecem para que despontem.

[7]

Ao desvelar-se, Brahman dá a ver o invisível.
Como a semente carrega a potência da árvore,
E a árvore traz consigo a promessa da sombra,
Assim, Ele engendra o incontável sem forma,
E o incontável, miríades de formas sem conta.

Em Brahman, o ente; no ente, Brahman:
Sempre distintos; todavia, sempre um.
Ele: a semente, a árvore, a sombra.
Ele: o sopro, a palavra, o sentido.
Ele: também o que não pode ser dito.

No interior da alma, vejo a alma suprema.
No interior da alma suprema, o grande ponto.[24]
No interior do grande ponto, o reflexo.
Ó irmãos, como expressar tal maravilha?
Kabir é abençoado por ter esta visão!

[8]

Dentro deste vaso de barro, há jardins e pomares.
Dentro, há sete oceanos e estrelas sem conta.
Dentro, jorram águas cristalinas e vibra o eterno som.
Dentro, o joalheiro encontra a pedra preciosa.

Kabir diz: Escutai, amigos!
Meu Amado está dentro!

[9]

Como dizer o que não pode ser dito?
Como dizer "Ele não é isso" ou "Ele é aquilo"?
Se disser "Ele está dentro de mim", envergonharei o universo.
Se disser "Ele está fora", que loucura estarei dizendo!

Ele torna interior e exterior indiscerníveis.
De fato, Ele não está desvelado, nem coberto de véus.
O manifesto e o imanifesto são apenas o escabelo de seus pés.
Jamais houve ou haverá palavra que diga o que Ele é.

[10]

Para ti teceste o meu amor, ó faquir![25]

Eu dormia pesado em minha casa, e me despertaste,
Sacudindo-me com tua voz, ó faquir!

Eu me afogava no oceano deste mundo, e me salvaste,
Soerguendo-me com teu braço, ó faquir!

Eu estava acorrentado aos meus hábitos, e me libertaste,
Dizendo uma palavra, não duas, ó faquir!

Kabir diz: Tu uniste teu coração ao meu, ó faquir!

[11]

Consumi dias e noites em distrações
E agora sinto um grande medo.
Tão alto está o palácio de meu Senhor
Que hesito diante de suas escadas.

Mas não posso ficar paralisado,
Se aspiro desfrutar de sua presença.
Meu coração deve ser chama pelo Amado,
Meus olhos devem ser brasas por amor.

Kabir diz: Amigos, escutai-me!
Ele conhece o coração de quem o ama.
Se não queimardes de amor pelo Amado,
De que vos servem as cinzas sobre a testa?[26]

[12]

Conta-me, ó cisne, tua história.
De onde vieste? Para onde vais?
Em que margem pousarás para descansar?
A qual meta entregaste o coração?

Esta é a manhã da consciência!
Desperta! Segue-me! Voemos juntos!
Há um lugar livre da dúvida e da tristeza,
Onde o terror da morte não impera.

Lá florescem bosques em eterna primavera,
E sua fragrância nos impulsiona mais e mais.
Imerso nela, o coração, qual abelha, se inebria.
Imenso nela, já não quer outra alegria.[27]

[13]

Ó Senhor incriado, quem te irá servir?
Cada devoto presta culto ao deus de sua criação;
Ninguém se ocupa do supremo Brahman, o autossuficiente.

Esses e aqueles reverenciam os dez *avatares*.[28]
Mas, se no *avatar* o Senhor se reveste com o manto da relatividade,
Ainda assim, Ele subsiste como Uno, em sua absoluta nudez.

Os crentes de todas as crenças disputam uns com os outros.
Kabir diz: Ó irmãos, guardai vossas palavras cortantes, silenciai!
Aquele que imergiu na pura luz do amor, este sim se salvou.

[14]

O rio e suas ondas correm juntos.
Que diferença existe entre eles?

A onda que sobe é água do rio.
A onda que desce é água do rio.

Ao subir e descer como onda,
A água continua a ser rio.

No interior do supremo Brahman,
Os mundos são contas de um rosário.

Ao girar o rosário entre os dedos,
Recita o Nome com sabedoria.

[15]

Lá, onde reina a eterna primavera,
Onde o som não percutido soa por si só,[29]
Onde a luz imaculada preenche o espaço todo;

Lá, onde milhões de Bramas lêem os Vedas,
Onde milhões de Vishnus inclinam suas cabeças,
Onde milhões de Shivas imergem em contemplação;

Lá, onde milhões de Krishnas sopram suas flautas,
Onde milhões de Saraswatis dedilham douradas vinas,
Onde miríades de deuses e almas libertas vivem em êxtase;

Lá, nessa outra margem que poucos alcançam,
Nessa praia distante, meu amado Senhor se desvela,
E o odor de flores e sândalo perfuma esse confim.

[16]

Entre o Sem-Nome e seus nomes,
A consciência construiu um balanço.
Nele, estão suspensos os mundos,
E seu vaivém não tem fim.

Milhões de entes balançam:
O sol e a lua em seus cursos.
Milhões de eras sucedem-se,
E o vaivém permanece.

Terra e água, fogo e ar,
Éter e além: tudo nesse vaivém!
Nele, o próprio Senhor tomou forma.
E Kabir se fez seu servente.

[17]

Brilham intensas as lâmpadas do firmamento.
Sabes como o cosmo inteiro entoa seu *mantram*?
Girando o rosário dos astros, dia e noite, cem cessar.

Mas são poucos aqueles que sabem de fato do Amado..
Como se encontram as águas do Ganges e do Yamuna,[30]
Ó buscador, mistura em teu peito aspiração e desapego.

Que em teu coração, dia e noite, as duas águas se juntem.
E, indiferente às ondas da morte e do renascimento,
Conduz teu sopro e atenção ao oceano do espírito supremo!

Vê como a aragem do amor faz tremular o oceano de júbilo.
Ouve o som poderoso que irrompe da superfície encrespada.
E deixa que as vagas carreguem os erros desta vida e das outras.

Aprofunda-te no êxtase, e eis que tudo se enche de luz.
Olha como a luz se derrama qual mansa chuva de ouro.
O que são a vida e a morte? A mão direita e a esquerda!

Kabir diz: firmei meu assento no coração da unidade,
Pela graça de meu Senhor, bebi da taça do inefável,
E agora sou testemunha do jogo do eterno Um.

[18]

A região intermediária do céu,
Onde a alma imaginativa habita,
Brilha com a sonoridade da luz,
Soa com a luminosidade do som.

Nesse istmo, flui a música,
Perfumada como jasmim,
Pura e vítrea como cristal.
Lá, meu Senhor se deleita.

O luminoso esplendor
De cada fio de seus cabelos
Eclipsa o fulgor diamantino
De miríades de luas e sóis.

Nessa praia, há uma cidade,
Banhada por chuva de néctar,
Que se derrama tão mansa –
Seu derramar nunca cessa.

Kabir diz: Vem, ó Dharmadas!
Vê o *durbar* do Grande Senhor![31]

[19]

Ó minha alma,
O Grande Mestre está perto de ti:
Desperta, desperta!

Acorre aos pés do Amado,
Pois o Senhor repousa
Seus pés sobre tua cabeça.[32]

Estivestes dormindo
Por eras sem conta:
Não despertarás nesta manhã?

[20]

Ó minha alma, para onde pretendes navegar,
Se não há viajante a seguir, não há roteiro?
Que oceano singrarás, em que cais aportarás,
Se não há mar, não há barco, não há barqueiro?

Se não há lugar, se não há hora, se não há meios,
Como acharás a água capaz de encher tua ânfora?
Sê forte e volta-te para o interior de ti mesma:
Aí encontrarás chão firme, aí deitarás tua âncora.

Kabir diz: Põe toda imaginação de lado,
E permanece impassível naquilo que és.

[21]

As lâmpadas ardem em todas as casas, ó cego, mas tu não vês.
Um dia, teus olhos se abrirão, e te livrarás dos terrores da morte.
Não há nada a temer, não há nada a dizer, não há nada a fazer.
Pois se morres, permanecendo vivo, jamais morrerás outra vez.[33]

Porque reside em solidão, o asceta diz que sua casa é distante.
Teu Senhor está perto de ti, porém escalas palmeiras para vê-lo.
O sacerdote brâmane vai de casa em casa e instrui o povo na fé.
A fonte da vida está ao lado, e ele te ensina a adorar uma pedra.

Kabir diz: Nunca poderei expressar quão doce é meu Senhor.
Virtude ou vício, ioga ou lassidão não são nada para ele.

[22]

Meu coração aspira ao verdadeiro guru,
Que enche até a borda a taça do amor
E a compartilha comigo;
Que remove o véu diante de meus olhos
E me oferece a visão do eterno Brahman;
Que desvela mundos em seu interior
E me faz ouvir o som não percutido;
Que mostra a alternância entre alegria e tristeza
E responde amorosamente a todas as súplicas.

Kabir diz: Nada tem a temer
Quem possui tal guru para conduzi-lo.

[23]

A escuridão da noite desce, densa e profunda,
Mas, sobre a cabeça, a luz do amor se derrama.
Abre a janela e perde-te na imensidão estrelada,
Bebe do mel que o lótus de teu coração emana.

Percebe quebrarem-se em ti as ondas do mar.
Escuta o zumbido dos búzios em teu interior.
Recolhe-te. Aquieta-te. Conserva-te no lugar.
Tu és o vaso no qual viceja, eterno, o Senhor.

[24]

Mais que tudo devo acalentar no coração este amor
Que me faz viver, no mundo limitado, uma vida sem limites.

Ele é como o lótus, que floresce, esplêndido, na água,
Sem que, porém, uma só gota venha a molhar suas pétalas.

Ele é como a esposa, que entra no fogo para provar fidelidade,
E queima, e deixa os outros aflitos, mas não desonra o amado.[34]

Como é difícil atravessar o oceano deste mundo!
Como suas águas são tormentosas e profundas!

Kabir diz: Escuta-me e acredita, ó *sadhu*!
Poucos são aqueles que alcançam a outra margem.

[25]

Meu Senhor esconde-se com mil véus.
Meu Senhor esplendidamente se desvela.

Meu Senhor aprisiona-me com dureza.
Meu Senhor amorosamente me liberta.

Meu Senhor diz-me palavras de tristeza.
Meu Senhor alegremente me consola.

Ele produz as feridas. Ele mesmo as cura.
E eu lhe ofereço meu corpo e minha alma.

Posso abrir mão da vida – por que não?
Mas jamais esquecerei de meu Senhor!

[26]

Todas as coisas são criadas por *Aum*.
Seu corpo é pura beatitude, puro gozo.

Infinito, ele é um abismo insondável.
Incorruptível, é eterno, sempre novo.

Sem forma, assume incontáveis formas
Aos olhos afortunados de quem o vê.

Extático, dança em louco arrebatamento.
De sua dança os entes nascem em miríades.

Imerso em tudo o que começa e finda,
Ele mesmo é sem começo e sem fim.

Alegria e tristeza são espumas que se vão.
Ele é o oceano da felicidade permanente.

[27]

A misericórdia do *Satguru* desvelou-me o desconhecido.
Aprendi, com ele, a ver sem olhos, a ouvir sem ouvidos,
A caminhar sem pés, a tatear sem mãos, a voar sem asas.

Em meditação, fui à terra onde não existe dia nem noite.
Sem beber, aplaquei a sede. Sem comer, provei do néctar.
Com que palavras descreverei a indescritível maravilha?

Kabir diz: A grandeza do *Satguru* não cabe em palavras.
E imensa é a fortuna de quem ele acolhe como discípulo.

[28]

Diante do sem qualidades, o que tem qualidades dança.[35]
"Tu e eu somos um", proclama a flauta em uma só nota.
O guru se aproxima e, aos pés do discípulo, se prostra.
Ó mistério! Quem poderá explicar tamanha maravilha?

[29]

Gorakhnath pergunta a Kabir:[36]

Quando tua vocação se manifestou? Onde teu amor teve origem?

Kabir responde:

Quando a Deusa de múltiplos véus ainda não iniciara sua dança,
Quando não havia guru ou discípulo, e nem o mundo existia,
Quando o supremo Uno estava só, foi que me tornei um asceta,
Foi então, ó Gorakh, que meu amor se voltou para Brahman.

Brama não pusera a coroa, Vishnu não fora ungido,
Shiva não manifestara seu poder, quando fui iniciado no ioga.
Desvelei-me em Varanasi, e Ramananda acolheu-me como pupilo.
Trouxe comigo a sede do infinito e vim a este mundo para encontrá-lo.

Em simplicidade, meu amor cresce, até alcançar o sumamente simples.
Escuta também, ó Gorakh, a música do simples. E dança no compasso!

[30]

Em certa árvore há um pássaro, que canta a alegria da vida.
Nos galhos mais escondidos, lá ele desce e descansa.
Chega ao cair o crepúsculo e parte ao erguer-se a aurora.

Que pássaro é esse que canta dentro de mim?
Não tem forma nem cor, não tem contorno nem estofo.
Ele pousa na sombra do amor e repousa no inatingível.

Kabir diz: Ó *sadhu*, meu irmão, guarda para ti este mistério.
E deixa que os sábios encontrem onde tal pássaro se oculta.[37]

[31]

Um espinho me fere, dia e noite;
Tanto que não durmo nem repouso:
Aspiro conviver com o Esposo
E mudar-me da casa dos parentes.

Já a porta do templo foi aberta;
Já o véu do interior foi retirado:
Caminho ao encontro do Amado
E faço de mim mesma a oferenda.[38]

[32]

Dança, meu coração! Dança hoje com alegria!
A canção imortal do amor preenche as horas,
E sua cadência faz dançar a noite e o dia.

Dança! O que são vida e morte senão dança?
O que são terra e mar, planície e colina?
Ao som do riso ou do choro, o mundo dança.

Por que vestir então o traje austero da renúncia,
E viver longe do mundo em solitário orgulho?
Dança com prazer e o Senhor dançará contigo.[39]

[33]

De que me servem as palavras
Se o amor embriagou-me o coração?
Se escondi o diamante em meu manto,
Por que então o desvelaria?

Quando sua carga era leve,
O prato da balança se erguia.
Agora, que o prato está cheio,
Qual a necessidade de pesar?

O cisne que pousou no lago
Buscaria outra vez a poça d'água?
Se o Senhor está dentro de ti,
Para que abrir os olhos?

Kabir diz: Escutai, irmãos!
Aquele que roubou meu olhar agora vive comigo.

[34]

Como poderia tamanho amor ser extinto?

Como a flor do lótus flutua sobre a água,
Assim és meu Senhor, assim sou teu servo.

Como o pássaro noturno enxerga ao luar,
Assim és meu Senhor, assim sou teu servo.

Nosso amor nasceu antes do tempo,
Nosso amor restará depois do fim.

Kabir diz: Como o rio busca o oceano,
Assim, Senhor, meu coração corre para ti.

[35]

Meu corpo e minha alma se afligem por tua ausência.
Ó Amado! Vem visitar-me em minha casa!
Quando a gente diz que sou tua noiva, envergonho-me,
Pois jamais – fugidio – me entregaste o coração.

Já não sinto o sabor da comida, já não durmo, já não vivo.
No quarto ou na rua, não há lugar onde eu repouse.
Como o sedento busca a água, assim, Amado, anseio por ti.
Quem me dará notícia daquele que roubou meu coração?

Ó meus irmãos, Kabir não sabe mais o que é sossego.
Ele morre a cada dia por um vislumbre do Amado.

[36]

Ó amiga! Acorda. Acorda e não durmas mais.
A noite terminou. Queres perder também o dia?

Aquelas que acordaram cedo receberam joias.
Ó tola! Perdeste tudo enquanto dormias.

Dissipaste o tempo em brincadeiras vãs.
A juventude passou, tua carne ficou fria.

Não preparaste a cama do Esposo.
Acorda agora, pois tua cama está vazia.

Kabir diz: Só desperta do torpor do sono
Quem a seta do amor feriu-lhe o coração.

[37]

O que é feito da noite quando se ergue o sol?
Pode subsistir a ignorância se há conhecimento?
Existe lugar para a luxúria onde reside o amor?

Toma tua espada, amigo, e junta-te à batalha!
Luta com discernimento, combate sem temor.
Pois é em ti mesmo que se trava esta guerra.

Vence o apego, a aversão e a indiferença.
Ergue-te como fogo e queima a seara do orgulho.
Pois o reino que defendes é a perene alegria.

Kabir diz: Não há luta mais tenaz que a do buscador da verdade.
O guerreiro luta algumas horas e o choro da viúva um dia finda.
Mas quem busca a verdade terá de combater até o último suspiro.

[38]

O cadeado do erro impede a passagem?
Abre-o com a chave do amor.
Então, estando aberta a porta, apressa-te.
Corre ao encontro do Amado!

Kabir diz: Ó amigo, o que esperas?
Não deixes passar tal oportunidade.

[39]

Escuta, amigo! Teu corpo não é teu. É d'Ele.
É Ele quem percute as cordas e faz nascer a música.
Se tuas cordas estiverem frouxas, de que servem?
Melhor que volte ao pó esse instrumento empoeirado.

Kabir diz: É Brahman o supremo instrumentista.
Quem – senão Ele – pode suscitar tal melodia?

[40]

Agrada-me aquele que chama o vagabundo de volta ao lar.
Pois, se em casa há cativeiro, existe também libertação.
Se no lar encontro a união verdadeira e a alegria de viver,
Por que deixar minha casa e vagar sem rumo na floresta?

Agrada-me aquele que, em contemplação, imerge em Brahman,
Cuja mente esquece de si mesma e, em paz, nele repousa,
Que, meditando, transpõe o pórtico da morada da verdade,
E, unindo aspiração e desapego, percute a corda do infinito.[40]

Kabir diz: Tua casa é teu lugar de recolhimento e repouso.
Fica imóvel onde estás, e tudo virá a ti no devido tempo.

[41]

Ó *sadhu*! O que pode ser melhor que a união?
Desde o dia em que encontrei meu Senhor,
O jogo de nosso amor não teve fim.

Por que fechar os olhos?
Por que tapar os ouvidos?
Por que mortificar o corpo?

Se abro os olhos, vejo sua beleza em toda parte.
Se digo seu nome, ao escutar minha voz, lembro-me dele.
Se estou deitado, sentado ou em pé, meu coração fica com ele.

Aonde quer que eu vá, caminho ao seu encontro.
O que quer que eu faça, faço por ele, faço para ele.
A ele, a ele somente, dirijo toda minha atenção.

Minha língua pôs de lado os sons impuros,
E, dia e noite, hora após hora, evoca e invoca sua glória.
Quando, cansado, enfim me calo, seu nome ainda ecoa em mim.

Kabir diz: Meu coração exulta.
Descerrei em minha alma o que estava oculto.
Estou imerso nesta felicidade, que transcende a dor e o prazer.

[42]

Não há nada senão água nos banhos rituais.
Sei que são inúteis, pois neles já me banhei.

Os ídolos não têm vida, não podem responder.
Sei que são inertes, pois clamei por sua ajuda.

Os *Puranas* e o *Corão* mostraram-me palavras.
Erguendo a cortina das palavras, eu pude ver.

Kabir dá ouvidos à voz da experiência,
E sabe que tudo mais é falatório vão.

[43]

Eu rio quando ouço que o peixe dentro d'água sente sede.
O Real está em ti, porém vagas sem descanso pelo mundo.
Podes viajar para onde quiseres, a Varanasi ou a Mathura,
Se não achares tua alma, estarás sempre fora de lugar.

[44]

O estandarte oculto está posto sobre o templo do céu,
Lá, onde as luzes do sol e da lua se misturam,
Lá, onde o dossel azul cravejado de estrelas se estende.

Imobiliza tua mente no silêncio diante do esplendor,
Mas sabe que aquele que um dia bebeu desse nectar
Perambula até hoje pelo mundo como um louco.[41]

[45]

Quem és? De onde vens? Estas perguntas, já as fizeste alguma vez?
Onde habita o espírito supremo? Como joga o dado com as criaturas?

O fogo que consome a madeira, quem tem a capacidade de criá-lo?
Depois que a madeira vira cinza, o que é feito do poder de combustão?

O verdadeiro guru ensina: Brahman não é finito nem infinito.
Kabir afirma: Ele adapta sua linguagem à compreensão do ouvinte.

[46]

Ó *sadhu*! Não te mortifiques.
Sê moderado ao purificar teu corpo.

Como a semente está na figueira,
E, na semente, a figueira e sua semente,
Assim, o gérmen está no corpo,
E, no gérmen, está o corpo novamente.

Os cinco elementos e tudo que existe:
Onde poderás encontrá-los, senão n'Ele?
Ó *qadi*, ó *pandit*, ouvi o que vos digo:[42]
O que pode haver que não esteja n'Ele?

O jarro cheio d'água está na água,
E faz contato com a água, dentro e fora.
Escutai a palavra, que é vossa essência.
Ele diz a palavra para si mesmo.

[47]

Existe uma árvore estranha,
Que se mantém de pé sem raízes,
E, sem florescer, produz frutos.
Essa árvore é, toda ela, um lótus.

Dois pássaros – guru e discípulo –
Cantam nessa árvore todos os dias.
O discípulo busca os frutos da vida.
O guru somente observa, contente.

Quem beberá o néctar de minhas palavras?
Enigmas, os pássaros são, todavia, visíveis.
Kabir diz: O sem-forma se mostra na forma.
E eu canto a glória de todas as formas.

[48]

Aquietei minha mente inquieta,
E meu corpo tornou-se radiante:
Pois transcendi o "sim" e o "não".

Em mim mesmo vi o companheiro,
E, vivendo em cativeiro, fiz-me livre:
Pois rompi as amarras da estreiteza.

Kabir diz: Alcancei o inalcançável,
E meu coração inundou-se de amor.

[49]

Isso, que vês, não é.
E, para o que é, não tenho palavras.
Até que o vejas, de que vale falar?
O erudito derrama-se em falação,
E o ignorante cala-se pasmo.

Alguns visualizam a forma.
Outros meditam no sem-forma.
Mas o sábio o contempla além de ambos.
Sua beleza não se entrega aos olhos.
Sua harmonia não se dá aos ouvidos.

Kabir diz: Funde aspiração e desapego,
E não descerás outra vez ao país dos mortos.

[50]

O infinito faz soar dois instrumentos:
A flauta do amor e a vina da verdade.

Quão distante se propaga a melodia!
Não há nada que obstrua seu caminho.

Ancestral, antecede a luz dos séculos,
Sempre nova, delicia os ouvidos.

[51]

Como anseio pelo encontro com o Amado.

O vento outonal derrubou as flores de minha juventude,
A dor da separação é um espinho cravado em meu peito,
Perco-me nas aleias do conhecimento ocioso.

Imperfeito como sou, recebi uma mensagem do Amado.
Suas frases, suas palavras, não devo, não posso repetir.
Só digo que me libertaram do temor da morte.

Ó amigo! Recebi, como dádiva, o Imortal.[43]

[52]

Quando estou separado do Amado,
Meu coração imerge na miséria.
Não tenho conforto de dia,
Não tenho descanso de noite.

Quando estou separado do Amado,
Não tenho quem ouça minha tristeza,
Meu dia é escuro como a noite,
Minhas horas parecem congeladas.

Porque o Amado está ausente,
Estou ausente de mim mesmo.
Porque o Amado está ausente,
Temo e tremo ao ter que levantar.

Kabir diz: Não há satisfação,
Senão no encontro com o Amado.

[53]

Que flauta é essa que soa sem sopro?
Que lótus é esse que floresce sem raiz?
Que chama é essa que queima sem óleo?

O pássaro da lua se banha no luar.
O pássaro da chuva gorjeia no aguaceiro.
A que amor devo consagrar a vida inteira?

[54]

No interior de teu quarto, soa o som não percutido.
Por que te expões ao relento para escutá-lo?

Se não te embriagas com o néctar do amor incondicional,
De que valem teus jejuns e abstinências?

Para instruir seus ouvintes, o *ulemá* recita as suras do *Corão*.
Se não puser amor em suas palavras, melhor seria ficar mudo.

Como insígnia de sua *sadhana*, o iogue tinge a roupa de ocre.
Se não puser amor em sua ação, melhor seria queimar o traje.

Kabir diz: Quer eu esteja no templo ou na varanda,
A cada instante, meu Senhor tem em mim seu deleite.

[55]

Sutil é o caminho do amor!

Até que mergulhes ao encontro do Amado como o peixe n'água,
Até que, prostrado aos pés do Amado, te esqueças de ti mesmo,
De nada te servirá interrogar, de nada te servirá silenciar.
No escabelo do Amado, o amante oferece a cabeça.

Tal é o segredo do amor, que Kabir proclama.

[56]

Ele! Ele é o *satguru*! Ele é o verdadeiro mestre!
Que conforma o sem-forma para o deleite de teus olhos,
Que ensina o caminho simples, livre de ritos e cerimônias,
Que não te interdita as portas, nem te faz renunciar ao mundo,
Que te mostra o supremo espírito onde quer que teus olhos pousem,
Que te ensina a permanecer impassível em meio às tribulações,
Sempre imerso em contentamento, sem medo no coração,
Sustentando a união a despeito dos apelos do mundo,
Firme como um rochedo diante dos vagalhões.

Ele, que está dentro, está fora também.
Só tenho olhos para Ele. E nada mais.

[57]

Recebe esta palavra da qual o mundo procede!
Ela é o próprio guru. E eu, seu discípulo.
Mas poucos conhecem o seu real significado.

Ó *sadhu*, recita esta palavra, insiste, persiste!
Os *rishis* a receberam. Os *Vedas* a exaltam.
Mas quem é capaz de decifrar seu mistério?

O asceta regressa ao lar quando a escuta,
O pai de família deixa a casa quando a ouve,
As seis filosofias esmeram-se para explicá-la.

Com mão firme, os iogues agarram-na.
Dizem que dela provêm tudo o que existe.
Mas quem poderia dizer onde ela se origina?[44]

[58]

Esvazia a taça! Embriaga-te!
Bebe o divino néctar de seu Nome!
Atém-te ao Nome e aquieta a mente,
Pois existe nela um pote de veneno.

[59]

Ó homem, se não conheces teu Senhor, do que te orgulhas?
Põe a erudição de lado, pois as palavras nunca te darão a união.
Não te iludas por conheceres as Escrituras: amor é outra coisa!
Aquele que, sincero e tenaz, por ele procura um dia o encontrará.

[60]

As enfermidades nascem da dúvida.
As ondas do oceano da imortalidade
Afastaram-me de todas as perguntas.

[61]

Ó irmão, atenta. Tu mesmo teceste a teia da mentira.
Desmancha-a agora. E contempla o mundo face a face.
Como queres ser leve se tens nos ombros o peso da ilusão?
Sai do ninho do medo, abandona a falsa palavra que diz "não".

Desperta, ó insensato, pois bem perto a morte espreita!

E tu, que enfim chegaste ao oceano da felicidade:
Une as mãos em concha; não te vás daqui com sede.
Se tens ao teu alcance o puro néctar, por que te absténs?
Raidas e Shukadeva o beberam. Sem temor, bebe-o também.[45]

Sedentos do Amor, quantos santos se inebriaram nesse mar!

[62]

Quem disse que a viúva deve queimar na pira do marido morto?
Quem disse que o amante deve encontrar felicidade na renúncia?

[63]

Ó meu coração, por que te impacientas?
Aquele que cuida das bestas, das aves, dos insetos,
Aquele que cuidou de ti na penumbra do útero materno,
Por que te abandonaria agora, quando estás perto da meta?

Ó coração, como podes virar as costas ao sorriso do Senhor
E perambular sem destino, sem sossego, tão distante?
Deixaste o palácio esplendoroso do Amado
E suspiras agora por um teto.

[64]

O pássaro da chuva invoca o aguaceiro.
Quase morre de sede à sua espera,
Mas não bebe de outra água.

O cervo vai bem longe atraído pela música.
Quase morre de cansaço na jornada,
Mas não desiste de sua marcha.

A viúva senta próxima da pira do esposo.
Quase morre queimada pelas chamas,
Mas não abandona sua vigília.

Afasta-te também do medo, se buscas o Amado.

[65]

Quando eu estava esquecido, o *Satguru* mostrou-me o caminho.
Desde então, abandonei todos os ritos e parei de realizar as abluções.
Aqueles que se consideravam sãos disseram que eu estava louco,
E que, com minha loucura, perturbava o sossego dos sensatos.
Deixei que falassem. Daquele tempo em diante, não badalei o sino,
Não entronizei o ídolo, não o enfeitei com flores, não o incensei.[46]

Quem disse que agradamos a Deus com penitências e mortificações?
Aquele que é justo e ama todas as criaturas como a si mesmo,
Aquele que é equânime e gentil em meio às tribulações,
Aquele que transcende o orgulho e o conceito,
Esse descobre o verdadeiro nome,
Esse encontra o ser imortal.

[66]

Nas cerimônias do templo,
Entregue a seus rituais meticulosos,
O crente adora um ídolo de pedra.

Nas escadarias do Ganges,
Com cabelos e barba desgrenhados,
O asceta assemelha-se a um bode.

Na solidão árida do deserto,
Depois de matar de sede seus desejos,
O eremita transforma-se em eunuco.

No denso burburinho da cidade,
Declamando em voz alta as Escrituras,
O erudito assume o tom do falastrão.

Kabir diz: Ó tolos! Despertai!
Estais todos diante do portal da morte,
Com as mãos e os pés atados.

[67]

Não sei de que forma reverenciar o Senhor.

O *sadhu* gira o *japamala* entre os dedos,
Ostenta longos cabelos desgrenhados,
E coloca *vibhuti* sobre a testa.
Com tantos sinais exteriores de renúncia,
Tem o coração cheio de orgulho.

O *mulá*, pleno de exaltação e eloquência,
Invoca em altos brados o seu nome.
Por acaso o Senhor é surdo?
Se os insetos usassem babuchas de feltro,
Ao andarem, ele os escutaria.

[68]

Ouço sussurrar sua flauta,
E já não consigo me conter.
Ainda não chegou a primavera,
E as flores irrompem dos botões,
Chamando as abelhas ao festim.

O relâmpago risca o céu,
O trovão estrondeia e reverbera,
A chuva se traduz em aguaceiro,
As ondas se elevam, batem forte:
Deixo a casa em busca do Senhor.

Onde existe ritmo neste mundo,
Lá já percutiu meu coração.
Onde ocultas bandeiras esvoaçam,
Lá já sopraram meus suspiros.
Estou morto. Todavia sigo vivo.

[69]

Se *Allah* só estivesse na mesquita,
O que seria do mundo exterior?

Se *Vishnu* só estivesse na imagem,
Que valor teria todo o resto?

Hari não pertence ao Leste,
Rahman não pertence ao Oeste.

Olha no interior do coração:
Lá encontrarás *Karim* e *Ram*.

Todos, homens e mulheres,
Manifestam o Uno neste mundo.

Kabir é a criança do Senhor.
Ele é meu *guru*. Ele é meu *pir*.[47]

[70]

Aquele que é calmo e contente,
Aquele que tem a visão equânime,
Aquele cuja alma transborda de aceitação,
Aquele que vê sem os olhos e toca sem as mãos,
Aquele que está livre do medo e emancipado da aflição:

Para Ele, a continua vivência de Deus
É como pasta de sândalo aplicada sobre o corpo.
Para Ele, já não há outro prazer, já não há outra delícia.
Seu trabalho, seu repouso estão impregnados do som inaudível.
E, por onde passa, deixa atrás de si a sublime fragrância da perfeição.

Kabir diz: Ó amigo! Que dádiva!
Prostra-te diante dele e toca seus pés.
Ele, que é um e indivisível, estável e pacífico;
Que preenche todos os vasos, até a borda, de alegria;
Que é a própria forma viva e sempre renovada do Amor.

[71]

Vai para a companhia dos bons, onde o Amado tem morada.
Colhe nessa seara teus sentimentos, pensamentos e instruções.
Mas vira as costas para a assembleia que não diz o Seu nome.
Pois como celebrar o casamento se o noivo não está presente?

Não vaciles mais.
Ancora tua devoção nos pés do Amado.
Que mérito existe em reverenciar outros mestres?
Kabir diz: Indo de flor em flor, como pretendes atingir a meta?

[72]

Uma joia foi perdida na lama e todos procuram por ela.
Alguns a buscam no Leste, outros a buscam no Oeste.
Alguns revolvem as pedras, outros mergulham na água.
Mas o servo Kabir, que reconhece seu verdadeiro valor,
Embrulhou-a entre as dobras do manto de seu coração.

[73]

Enviaram-me uma liteira para me levar à casa do Esposo,
E sua chegada fez acelerar, de alegria, o meu coração.

Mas os carregadores me conduzem a uma erma floresta,
Onde não reside nem passa ninguém que eu conheça.

Ó carregadores, eu vos peço, interrompei vossa marcha.
Esperai que, ao menos, eu diga adeus aos amigos.

Kabir diz: Ó *sadhu*! Encerra tuas compras, tuas vendas.
Que te importa o que é bom? Que te importa o que é mau?
Não há mercados nem lojas na terra para onde vais.

[74]

Ó companheiro!
O que sabes dos segredos desta cidade?
Na ignorância chegaste; na ignorância partirás.

O que fizeste da vida que te foi dada?
Colocaste um saco de pedras sobre a cabeça,
E agora esperas por alguém que te alivie o peso.

Teu Amigo te aguarda na outra margem.
Mas teu barco quebrou, continuas sentado no cais,
E perdes teu tempo inquietando-te com as ondas.

O servo Kabir te pede que considere:
A quem recorrerás no último instante?
Estarás só e colherás os frutos que semeaste.

[75]

Os *Vedas* dizem que, além das condições, está o incondicionado.
Ó erudito, de que te serve disputar se ele é imanente ou transcendente?
Vê o que é tal como é, sem que o "sim" e o "não" te turvem a visão.

Naquilo que é, Brahman se manifesta em sua própria roupagem.
A luz é seu assento – essa mesma luz que sobre ti se derrama.
Kabir diz: Não há diferença entre essa luz e o guru.

[76]

Abre os olhos do amor e vê que ele preenche este mundo.
Olha bem e o encontrarás aqui mesmo, nesta terra.
Quando encontrares o *satguru*, ele despertará teu coração
E te desvelará o segredo da aspiração e do desapego.
Entenderás, então, que ele também transcende este mundo,
E sua teia de caminhos te trará o encanto e o espanto.
Alcançar a meta sem percorrer a estrada faz parte do jogo,
Pois unidade e diversidade são um colar em sua mão.
Um só fio, múltiplas contas: girá-lo é para ele um esporte.
Que diferença então existe entre a posse e a renúncia?

Compreende isso e o fogo de ter não te queimará outra vez.

Vê que, no seio de todo movimento, ele repousa imóvel,
E, de sua informalidade, irrompem miríades de formas;
Que, no epicentro do cosmo, envolto em luz, ele se senta,
E mil sóis empalideceriam ante o fulgor de seu rosto;
Que, diante de seus pés, fluem as águas da vida e da morte,
E não existe qualquer diferença entre um fluxo e outro.
Chamam-no vazio, a ele que gera e sustém tudo o que existe.
Mas a filosofia não o alcança e dele nada pode ser dito.
E como poderia – ó irmão – se o afortunado que o contempla
Não consegue distinguir corpo nem forma nem extensão?

Feliz de quem nele ancora, pois transcende a vida e a morte.

Kabir diz:
A palavra que sai da boca não o nomeia.
As letras que percorrem o papel não o enlaçam.
Diante dele, sou como a criança que prova um doce.
Por mais que me esforce, como poderia descrever seu sabor?

[77]

Ó minha alma!
Corramos para a terra onde habita o Amado,
Aquele que raptou meu coração.
Lá, o amante enche seu cântaro no poço,
Mesmo sem corda para puxar a água.
Lá, não existem nuvens no céu,
Mas a água se derrama em gentil orvalho.

Ó incorpórea!
Não te detenhas aquém da porta.
Acorda. Levanta. E banha-te nessa chuva.
Não sejas tímida. Nada temas.
Pois, além do umbral, lá, onde o Amado habita,
O luar brilha sempre, não há escuridão.
E quem falou de um único sol apenas?

[78]

Ó sadhu!

Ouve minhas palavras imortais.
Para teu próprio benefício, considera-as bem:
Te afastaste do Senhor, a árvore da qual floresceste.
Afastando-te, perdeste o senso. Perdendo o senso, compraste a morte.

Todos os saberes, todos os ensinamentos, dele provêm. De quem mais?
Se tens isto por certo, o que há para temer? Então, nada temas.
Qualquer nome que invoques nomeia o sem-nome.
Entende isto e livra-te do ardil das palavras.

Ele habita o coração de todas as coisas.
Por que, então, se refugiar no deserto desolador?
Se pões o Senhor longe de ti, o que reverencias é a distância.
E, se o Senhor não está perto, quem, então, sustenta este mundo?

Kabir diz: Por que sofres com a dor da separação, se ele te preenche?
Conhece-te a ti mesmo, ó *sadhu*, e o conhecerás integralmente.
Pois, dos pés à cabeça, não há nada em ti que não seja ele.
Canta com alegria e o sentirás em teu coração.

[79]

Não sou piedoso nem ímpio,
Não sigo a lei nem os sentidos.

Não sou falante nem ouvinte,
Não estou perto nem distante.

Não sou senhor nem escravo,
Não quero o céu nem o inferno.

Faço qualquer tipo de trabalho,
Mas não me atenho ao que faço.

Poucos entendem o meu modo.
Quem entende, senta-se imóvel.

[80]

O nome verdadeiro é único. Não há outro nome semelhante.
O incondicionado e o condicionado diferem por uma sílaba, somente.
O condicionado são os frutos. O incondicionado, a semente.
Nessa árvore, a raiz é o nome verdadeiro. E a copa, o conhecimento.
Se queres ter nas mãos os frutos, busca a raiz primeiramente.
Pois é ela que une o incondicionado e o condicionado tal qual ponte.
Acha-a. E eis que descerá sobre ti felicidade superabundante.

[81]

No princípio, era ele, somente,
Sem forma, sem condições, o puro existente.
O tempo, então, não existia: nem início, nem meio, nem fim.
Não havia luzes, não havia trevas, nem olhos que as distinguissem.

Nesse princípio, não havia terra, água, fogo, ar ou éter.
Não havia rios, como o Ganges e o Jumna. Nem praias, nem mares.
Não havia virtudes, nem vícios, nem as sagradas escrituras.
Os *Vedas*, os *Puranas* e o *Corão* ainda não eram.

Só, autossuficiente, o puro existente repousava em si mesmo,
Sem nenhuma atividade, nas desconhecidas profundezas de si.

Kabir pondera e diz:

Aquele que não tem forma, nem é desprovido de forma,
Aquele que não tem nome, nem padece da falta de um nome,
Aquele que não tem morada, mas reside em todo lugar,
Como posso descrever sua glória?

[82]

A extasiante alegria do Criador originou todo o cosmo.
Da divina sílaba *Aum* a criação inteira efundiu-se.
Pela terra, pelo céu, por mais além, a alegria reverbera.
A luz e a treva, o sol e a lua, o oceano e a praia,
O Ganges, o Jumna e o Saraswati, tudo o que existe[48]
Manifesta essa transbordante alegria.
A alegria, o puro gozo, é o início, é o meio, é o fim.

Sem sapatos, sem parentes, sem casta e sem pátria,
Assim caminha, liberto, o *Satguru* sobre a terra.
Satisfeito, que diferença existe entre o Criador e ele?
O que são a vida e a morte, a união e a separação?
São – tão somente – brinquedos em suas mãos.
Ele joga. E Kabir diz: tudo o que há é seu jogo.
Esconder-se por trás das cenas faz parte desse jogo.

[83]

Soam as cordas da vina
Sem que dedos as percutam,
E segue a dança, sem mãos e sem pés.
A porta está fechada, porém é perceptível
A fragrância que, desde o interior, recende.
Lá ocorre o encontro que não se vê,
E do qual ninguém participa.
Entenda quem puder.

[84]

O mendigo implora por sua esmola.
Mas eu nada peço ao Amado.
Tudo o que obtenho dele
Ele me dá sem que eu demande.

Kabir diz: Pertenço ao Amado
E deixo acontecer o que deve.

[85]

Meu coração grita pela casa do Amado!
Para aquela que perdeu o rumo da cidade do esposo,
Que diferença existe entre o abrigo de um teto e o relento?

Meu coração em nada encontra gozo,
Meu corpo e minha mente se consomem em desespero.
Entre ele e eu se estende um oceano. Como eu poderia atravessá-lo?

Quão maravilhosamente foi construída essa vina!
Nas mãos de um virtuose, suas cordas enlevam o coração.
Mas quem se interessa por elas quando se quebram as cavilhas?

Digo que estarei com o Amado amanhã.
Meus pais me têm por tola e se irritam com o que falo.
Ó amigo, levanta meu véu suavemente, pois vou ao encontro do amor.

Kabir diz: Escutai vós todos!
Meu coração se inquieta e anseia pelo Amado.
Insone, espero em minha cama. Chamai-me bem cedo de manhã.

[86]

Ó Kabir, serve teu Deus, que se mostrou a ti no templo de um corpo.
Ele, que te esperou por eras incontáveis, por amor entregou-te o coração.
Tão perto a felicidade e não a percebeste, pois teu amor ainda dormia.
O Amado despertou-te e te fez ouvir a nota sempre sonante em teu ouvido.

Kabir diz: Ó felicidade! Quão grande é minha fortuna!
Recebi a graça ilimitada da presença do Amado!

[87]

No céu, adensam-se as nuvens.
De seu troar escuta a voz profunda.

Tonitruante, do Oriente vem a chuva.
Escora, pois, as plantas de teus campos,
Para que não as leve embora a enxurrada.

Protege o solo, amarra as mudas, sê prudente,
Pois o lavrador sensato trará a colheita para casa.
Ele encherá os dois vasos e nutrirá o santo e o sábio.[49]

[88]

Este dia me é caro sobre todos,
Pois hoje o Amado se hospeda em minha casa.
As flores se abrem quando ele passa
E o pátio resplandece em sua presença.

Minha boca não se cansa de dizer seu nome
E meu olhar se fixa em sua beleza.
Unto seus pés com pasta de sândalo
E os cubro de flores sobre uma bandeja.[50]

Como me extasio ao contemplar seu rosto!
Como me prostro em total entrega!
Ele é a praia em que o afeto ancora.
Ele é o mar em que a devoção navega.

[89]

Que sábio que me explicará o sentido deste som
Que perpassa o espaço e penetra todas as coisas,
Que jorra como fonte inesgotável desde sempre,
Que enche todos os vasos, sem jamais diminuir?

Aquele que vive em um corpo sempre terá sede,
Pois a água que bebe só parcialmente o satisfaz.
Mas o som de que falo o satisfará inteiramente,
Pois é o substrato inexaurível de tudo o que há.

Kabir diz: Ó irmãos, escutai o Som Primordial,
Que, estendendo-se como ponte do Uno ao ente,
Ao soar, proclama, incessante, que "Ele é isto",
E, ecoando, declara, insistente, que "Isto é Ele".

[90]

Tu me perguntas aonde deves ir para encontrar o Amado.
Se ignoras a árvore, como pretendes encontrar a floresta?

[91]

Por ter aprendido o sânscrito,
Todos me chamam de sábio.

Mas de que valem os idiomas,
Se a corrente me leva à deriva,
Se minha boca resseca de sede,
Se meu peito arde de ausência?

Kabir! Atira o sânscrito ao pó
E atira-te aos pés do Amado!

[92]

À espera do esposo ausente, a esposa fia e tece.
Suas mãos são bailarinas rodopiando entre os fios.

Ao encalço do Amado, também eu crio um tecido.
Minha roca diz "amor", meu tear, "conhecimento".

Dia e noite em meu ofício, me derreto de saudade.
As lágrimas que derramo deixam o pano molhado.

[93]

Abrigadas sob o guarda-sol real, miríades de estrelas cintilam.
E o Rei é o olho do olho, o pensamento do pensamento.

Estando em sua presença, meu olhar e meu pensar se unificam.
À sua sombra refrescante, meu coração arrefece o ardor.

Se já não há dois, senão um, é que atingiu a perfeição o amor.

[94]

Ó *sadhu*! Minha terra não conhece tristeza.

Grito ao rei e ao mendigo, ao imperador e ao faquir:
Ó tu, que buscas abrigo no mais alto, vem e encontrarás guarida;
Ó tu, que te sentes exausto pelo peso da carga, repousa teu fardo aqui.

Desta praia, ser-te-á mais fácil alcançar, ileso, a margem oposta.
E se neste céu já não distingues o pálido luzir das estrelas
É porque o fulgor da verdade inunda o grande *durbar*.

[95]

Vim, como noiva, à casa de meu Senhor.
Mas não fiquei. E minha vida passou como um sonho.

Na noite nupcial, minhas amigas cantaram em coro,
Lavaram meu corpo e o preparam com unguentos preciosos.

Porém, finda a cerimônia, abandonei a casa com os músicos.
E, agora, no pó da estrada, meus companheiros tentam consolar-me.

Kabir diz: Que eu regresse à casa do Senhor para ficar.
Então, sim, se consumarão as núpcias! Então, sim, soará o clarim!

[96]

Ó amigo, pensa bem! Se amas, por que dormes?
Se o achaste, por que não te entregas completamente?
Se queres mantê-lo em teu coração, por que o deixas escapar?
Por outro lado, se o sono te pesa nos olhos, por que perdes teu tempo
Alisando os lençóis e ajeitando os travesseiros?

Kabir diz: Falo-te das coisas do amor!
Se, por amor, deves entregar a cabeça, o que esperas?

[97]

Como o azul reside no céu,
O Senhor em ti mesmo habita.
Ó servo, põe o orgulho de lado,
E procura-o em teu interior.

Pois, quando te sentas em silêncio,
Fluem em ti rios diamantinos,
Que lavam tua dor, tuas manchas,
E refrescam tua febre de vida.

Aquieta-te! E poderás escutar os sinos
Que soam sem serem tocados.
Aquieta-te! E sentirás a carícia da chuva
Que se derrama sem água.

És cego se pretendes vê-lo
Com o olhar dúplice da razão.
De fato, a razão mora longe.
Não é ela que diz "separação"?

Abençoado é Kabir quando canta
O canto do encontro das almas,
O canto que varre a tristeza,
O canto que transcende o ir e vir.

[98]

O mês de março está próximo.
Quem irá unir-me ao Amado,
Que traz a primavera consigo?[51]

Como descreverei sua beleza,
Se tudo que é belo ele habita
E o corpo e a mente enfeitiça?

Aqueles que seguem seu fio
Entendem a alegria indizível
Que preenche o ar primaveril.

[99]

Ó Narada![52]
O Amado não pode estar longe,
Se, quando Ele dorme, eu durmo,
Se, quando Ele acorda, eu acordo,
Se, quando Ele canta, eu vivo.

Ó menestrel!
Se o Amado está perto, por que
Mil peregrinos buscam seu rastro,
Mil devotos procuram seus pés,
Meu coração suspira por ele?

Kabir diz: Quem, senão o Amado,
Poderá desvelar o segredo do Amor?

[100]

Cobre teus olhos com nuvens negras de tempestade,
Cobre teu peito com o manto medonho da escuridão,
Enlutado, aproxima teu rosto do ouvido do Amado,
E expõe as tristezas mais profundas de teu coração.

Kabir diz: Cura a ferida, renova-te, faz de ti uma taça,
Para receber o néctar sublime que sobre ti se derrama.

Posfácio
O PENSAMENTO POR TRÁS DOS VERSOS

Kabir foi um poeta inspirado. Ao afirmá-lo, utilizamos essa expressão em sua acepção original e precisa, sem as conotações sentimentais e diluídas que veio a adquirir. Vale dizer que o menestrel de Varanasi transformou em versos aquilo que, para ele, foi experiência direta e não a simples reelaboração de um legado cultural. De fato, vários poemas reunidos neste livro só podem ser devidamente apreciados se imaginarmos que seu autor os criou em ou a partir de estados intensificados de consciência, que lhe permitiram atravessar portas da percepção habitualmente fechadas e contemplar domínios muito diferentes daquilo que convencionamos chamar de realidade ordinária.

Porém, por mais que a contemplação da eternidade possa tê-lo libertado da escravidão do tempo, Kabir era, ainda assim, um homem de sua época, que produziu uma obra original a partir do repertório corrente. Já dissemos, no Prefácio, que as duas tradições que mais influenciaram o contexto espiritual em que se moveu o poeta foram o *bhakti ioga* hinduísta[53] e o sufismo islâmico. Investiguemos um pouco mais a fundo essas duas correntes e vejamos que traços elas podem ter deixado na poesia kabiriana.

O influxo do *bhakti ioga* hinduísta

O *bhakti ioga*, dizem seus adeptos, remonta a tempos imemoriais e seria o modo mais adequado de prática espiritual para a chamada *kali yuga* – a "idade das trevas", que teria começado no despontar do terceiro milênio antes de Cristo, e na qual ainda estaríamos imersos. Segundo a tradição, ao principiar a *kali yuga*, os *siddhas* ("iogues perfeitos") se reuniram em assembleia para deliberar qual seria a disciplina mais compatível com as características da humanidade no novo período. E concluíram que, para a maioria das pessoas, fortemente identificada com o mundo material, seus apelos e suas distrações, a meditação e outras práticas austeras se haviam tornado muito difíceis. Mas que o desenvolvimento espiritual poderia continuar a ser impulsionado por meio do amor ao Divino. Uma vasta produção literária e um conjunto notável de grandes iogues e ioguines expressaram essa tendência devocional.[54]

Como o núcleo da prática devocional é o jogo amoroso entre o amante e o Amado, o devoto e o objeto de sua devoção, muitos acreditam que essa forma de ioga seja intrinsecamente dualista. Mas isso não é necessariamente verdade. Existe também o *bhakti ioga* não dual. E até mesmo um filósofo radicalmente monista, como Shankaracharya, exaltou, em seu mais conhecido poema, a relação de amor entre o homem e Deus.

Considerado o maior filósofo da Índia, e o principal expoente do *advaita vedanta*,[55] Adi Shankaracharya (788 d.C. – 820 d.C.) concebia Deus como a única realidade existente: o "primeiro sem um segundo", ao mesmo tempo transcendente e imanente. Transcendente, existiria em si mesmo, como o inefável Brahman;[56] imanente, se manifestaria, de maneira velada, por trás da aparência dos entes e fenômenos do mundo. Sri Ramana Maharshi (1879 – 1950), um dos grandes santos e sábios da Índia contemporânea, resumiu todo o pensamento de Shankaracharya em uma frase curta e magistral: "O mundo é ilusório. Só Brahman é real. Brahman é o mundo". Isso não quer dizer que Shankaracharya tenha negado a realidade do mundo, como erroneamente interpretaram alguns. Ele apenas negou que o mundo fosse o que aparenta ser: uma realidade autossuficiente, independente do Divino.

Para esse monismo radical, o Criador e a criatura são um e o mesmo, não podendo haver real separação entre ambos. Tal compreensão não impediu, porém, que o filósofo reconhecesse o valor do ioga devocional e exaltasse a relação amorosa entre o homem e Deus. Pois, se é certo que o amante procede do Amado, sendo, portanto, o próprio Amado, também é certo que sua verdadeira natureza se encontra velada. Separado da essência pelo véu da aparência, o homem sofre a dor da distância e da ausência, e aspira e suspira por si mesmo, em um anseio de retorno e reunião. A devoção ao Divino na forma de seus *avatares*[57] suscitou a Shankaracharya seu poema *Bhaja Govindam* ("Adora o Senhor"), até hoje amplamente cantado na Índia.[58]

Embora não fosse filósofo, como Shankaracharya, Kabir possuía uma compreensão monista da realidade que nada ficava a dever à do grande *advaitim*.[59] Vários poemas recriados neste livro mostram que ele concebia Deus como a Realidade Única, que em tudo se manifesta e transcende toda manifestação. Isso não impedia – ao contrário, ensejava – que estabelecesse uma relação pessoal com o Divino, o qual, habitando ocultamente todos os seres humanos, explicitava-se com exuberância na forma concreta do *satguru*.[60]

O INFLUXO DO SUFISMO ISLÂMICO

A outra influência que nos ajuda a contextualizar a pessoa e a obra de Kabir foi a do sufismo islâmico. Alguns autores fazem a origem dessa linhagem mística recuar até os primórdios da humanidade, mas a maioria concorda em situá-la no século VII d.C., associando-a aos ensinamentos esotéricos do profeta Muhammad a seus discípulos mais íntimos, os chamados "companheiros".[61] Já nos primeiros tempos do sufismo, o amor místico balizou a conduta e as palavras de uma adepta da estatura da iraquiana Rabia (717-801). Ele encontraria sua expressão maior nas obras luminares Ibn Árabi e Rumi.

Nascida em família tão pobre que não possuía sequer uma medida de óleo para acender a lamparina à noite; raptada, vendida como escrava e sobrecarregada de trabalho até a exaustão; Rabia al-Adawiya foi finalmente reconhecida como mestra em um contexto patriarcal no qual a mulher não tinha vez nem voz. Sua concepção do amor místico, que prenuncia Francisco de Assis e Teresa de Ávila, foi expressa com uma radicalidade talvez jamais igualada. Recriamos, aqui, seu mais famoso poema, definitivo, assustador e belo como a queda de um raio:

Senhor:
Se te amo pelo anseio do Paraíso,
Priva-me dele;
Se te amo pelo temor do Inferno,
Atira-me nele.

Para essa santa e sábia, nenhuma expectativa, senão a de manifestar gratuitamente o amor, podia se interpor entre ela e o Amado; nenhuma recompensa, senão o gozo de amar, podia premiar sua entrega total.

O paradoxo dessa poética construída sobre o abismo da separação é que o sufismo se ancora no coração da unidade. O *tawhîd*, a declaração da unidade de Deus, que constitui o próprio núcleo da fé islâmica, recebeu de alguns grandes mestres sufis uma conotação radicalmente não dual. Eles atribuíram à primeira *shahâdah*, ou testemunho da fé muçulmana (*"lâ ilâha ill'allâh"*), um sentido que vai muito além do significado literal das palavras. Não somente o de que "não há deus senão Deus". Mas também o de que "não há realidade senão a Realidade", "não há ser senão o Ser". Vale dizer, que não apenas existe um só Deus, mas que só Deus existe.

Tal ponto de vista foi expresso com clareza meridiana por Rumi. O grande mestre o fez na forma de um elogio póstumo a Mansur al-Hallaj (858 – 922), o primeiro mártir sufi, acusado de heresia, preso, torturado, mutilado e crucificado pelos fanáticos, devido ao fato de, em estado de transe, haver dito *"ana ul-Haqq"* (eu sou a Verdade).[62] Comentando esse episódio trágico da história do sufismo, Rumi afirmou: "As pessoas imaginam que seja uma presunção dizer 'eu sou Deus', quando, em realidade, o presunçoso é dizer 'eu sou um escravo de Deus'. Porque aquele que diz 'eu sou um escravo de Deus' afirma duas existências. Ao passo que aquele que diz 'eu sou Deus' afirma: 'eu não sou nada; Ele é tudo; não há outro ser além de Deus'"

Mas – assim como fez Shankaracharya no contexto do hinduísmo –, essa compreensão profunda da Realidade Unitária, em sua natureza primeira, última e absoluta, não impediu que os místicos muçulmanos reconhecessem a verdade relativa da dualidade, no nível da manifestação, explorando todas as nuances da dicotomia entre o "amante" e o "Amado". Esse jogo amoroso, de perda, busca e reencontro, é o cerne da poesia sufi.

Isso explica como um gigante espiritual da estatura de Ibn Árabi possa haver temperado sua filosofia radicalmente monista com uma poética de sabor dualista, e, a despeito da prodigiosa capacidade intelectual, ter dito que sua via preferencial para o Divino não era o caminho do intelecto, mas o do coração. Recriamos, aqui, o famoso poema em que Ibn Árabi proclama a unidade subjacente a todas as religiões e declara sua adesão à mística amorosa:

> Meu coração tornou-se capaz de todas as formas:
> É um pasto de gazelas, o mosteiro cristão,
> Um templo para os ídolos, a Caaba do peregrino,
> As tábuas da *Torá*, as páginas do *Corão*.
> Sigo a religião do Amor.
> Para onde quer que avancem as caravanas do Amor,
> Lá é meu credo e minha fé.[63]

Ioga e sufismo na mística kabiriana

Colocado pela mão do destino na interface das comunidades hinduísta e muçulmana, Kabir desfrutou desde cedo da influência cultural de ambas. E, se criticou com veemência a pieguice hipócrita e a ritualística rígida que contaminavam as formas exteriores das duas religiões, não deixou de haurir o conteúdo espiritual interior que as vivificava. Que a experiência direta e a graça do *satguru* tenham lhe proporcionado um conhecimento de primeira mão, capaz de transcender os marcos das diferentes escolas espirituais, isto Kabir proclama com insistência em seus versos. Mas, para comunicar aos outros o que recebeu, ou talvez para explicá-lo a si mesmo, ele recorreu, com maestria, à gramática mística disponível no contexto.

Nos poemas vertidos por Rabindranath Tagore fica muito explícita a familiaridade de Kabir com os temas e termos do ioga. Sua sintonia com o sufismo não é menos evidente nos poemas traduzidos por Vinay Dharwadker. O maior ou menor destaque conferido a uma tradição ou outra parece decorrer menos da escolha do próprio poeta do que dos diferentes recortes feitos pelos dois tradutores no tecido unitário da poesia kabiriana. Essa poesia, radicalmente monista, e, ainda assim, ou por isso mesmo, intensamente amorosa, o alça ao patamar em que se encontram alguns dos maiores místicos de todos os tempos. Em seu famoso prefácio à edição inglesa de 1915, ao mesmo tempo denso e belo, erudito e apaixonado, Evelyn Underhill o afirma com ênfase. Escolhemos um parágrafo especialmente inspirador do texto da mística inglesa para encerrar com ele este Posfácio:

"Kabir pertence ao pequeno grupo dos místicos supremos – entre os quais, Santo Agostinho, Ruysbroeck e o poeta sufi Jalaluddin Rumi talvez sejam os maiores – que conquistaram o que poderíamos chamar de visão sintética de Deus. Eles resolveram a perpétua oposição entre o impessoal e o pessoal, o transcendente e o imanente, o estático e o dinâmico na natureza divina, entre o 'absoluto' da filosofia e o 'amigo verdadeiro e fiel' da religião devocional. E o fizeram não considerando esses conceitos aparentemente incompatíveis uns após os outros, mas ascendendo ao cume da intuição espiritual, no qual, como disse Ruysbroeck, 'derreteram e se fundiram na unidade'. E, desde tal posição, perceberam esses conceitos como opostos complementares de um perfeito todo".

NOTAS

[1] Dharwadker, Vinay. *Kabir – the weaver's songs*. New Delhi, Penguin Books, 2003.

[2] A existência e a atuação de vários domínios conscienciais situados "além" e "acima" da mente ordinária são reconhecidas, desde épocas imemoriais, por todas as tradições místico-filosóficas; e começam a ser corroboradas também pela pesquisa científica convencional. Os termos "sobremental" e "supramental", para designar certas faixas específicas do amplo espectro da consciência, foram cunhados e popularizados pelo grande iogue e filósofo indiano Aurobindo Ghose (1872 – 1950).

[3] A *kumbha mela* ("festival do pote") é o maior encontro multirreligioso do mundo. Ocorre quatro vezes a cada 12 anos, em um sistema de rodízio por quatro cidades sagradas da Índia: Prayag, Ujjain, Nasik e Haridwar. Os pontos altos das comemorações, que, em cada localidade, se estendem por vários meses, são os banhos rituais no Ganges. O festival recorda um tema comum a várias mitologias: a guerra cósmica entre os *devas* (deuses) e os *asuras* (titãs). Durante a batalha pelo pote de *amrita* (o néctar da imortalidade), quatro gotas do precioso líquido teriam caído na Terra, nas localidades mencionadas. Segundo a tradição, o poder dessas gotas seria realçado, ciclicamente, devido a intricadas configurações astrológicas. Os chamados "grandes banhos" ocorrem nessas datas propícias.

[4] *Sadhu* é quem se retira da vida ordinária para se dedicar inteiramente a uma *sadhana*, ou caminho de autotransformação e desenvolvimento espiritual. Existem *sadhus* de todos os tipos. Os ascetas descritos no parágrafo, chamados de *nagababas*, constituem uma linhagem

específica, com várias subdivisões. Devotos de Shiva, andam inteiramente nus, com os corpos polvilhados de *vibhuti* (cinzas sagradas decorrentes da queima das flores oferecidas à deidade). Não cortam os cabelos nem as barbas porque afirmam que os pelos são canais de energia que conectam o corpo físico aos corpos sutis. Seus rosários, ou *japamalas*, utilizados na contagem dos *mantras*, são feitos de *rudraksha*, uma semente especificamente associada ao culto shivaísta. E o tridente que carregam é outro emblema divino. Demonizado pela superstição cristã, esse antigo objeto, empregado desde há milênios como instrumento agrícola ou arma de guerra, simboliza, no imaginário shivaísta, o próprio corpo humano, com seus três *nadis* (canais de energia sutil) mais importantes: *ida* (o *nadi* lunar, que flui à esquerda, ao longo da coluna vertebral), *píngala* (o *nadi* solar, que flui à direita) e *sushumna* (o *nadi* principal, que flui no centro). O objeto enfeixa também, simbolicamente, os três *gunas*, ou qualidades básicas do mundo fenomênico: *tamas* (a imobilidade e a apatia), *rajas* (o movimento e a paixão) e *sattva* (o equilíbrio e a transcendência). Nas mãos de Shiva, o tridente, denominado *trishula*, é a arma metafórica e metafísica com a qual o deus destrói a ignorância dos humanos.

[5] Haridwar é a primeira cidade banhada pelo Ganges quando, após descer as encostas do Himalaia, o rio alcança a Planície Indo-Gangética. Apesar de já haverem passado por vários vilarejos e cidades himalaicas, suas águas, que atualmente chegam imundas em Varanasi, ainda estão relativamente limpas ao atingir Haridwar. Mas é preciso segurar com firmeza as correntes que margeiam os *ghats*, para não escorregar no limo que recobre os degraus e ser arrastado pela correnteza ao entrar no rio.

[6] Bisneto do maior imperador mughal, Akbar, o grande, e filho do célebre Shah Jahan e da não menos famosa Muntaz Mahal (para a qual o esposo construiu, como mausoléu, o incomparável Taj Mahal), Aurangzeb subiu ao trono após matar três irmãos e aprisionar o pai no Forte de Agra. Apesar de ser um estudioso aplicado do sufismo, nada reteve do ensinamento generoso e inclusivo de grandes mestres sufis do passado, como o andaluz Muhyiddin ibn Árabi (1165 – 1240), o persa

Jalaluddin Rumi (1207 – 1273) e o próprio Kabir. Nem da tolerância de seus antepassados familiares. Seu paradigma religioso era um credo equivocado e exclusivista, mesquinho e opressivo. Com base nessa concepção fanática, impôs, de modo parcial e distorcido, a *sharia* (o sistema legal muçulmano) a todos os habitantes de seu império. E essa imposição infeliz provocou reações violentas e fortes ressentimentos, que minaram a unidade multicultural da Índia e levaram o Império Mughal ao declínio. Após 150 anos de prolongada decadência, o país caiu de joelhos diante do poderio colonial britânico.

7 Os *kabirpanthis*, seguidores do "caminho de Kabir" (*Kabir panth*), formam uma confraria de quase 10 milhões de pessoas, com expressão na Índia e nas comunidades indianas residentes em outros países. Adotando o *Bijak*, uma das coleções de poemas kabirianos, como livro sagrado, exaltam a verdade, a simplicidade e a compaixão. E estendem sua noção de simplicidade a todas as esferas da vida cotidiana, como as posses, o vestuário e a alimentação, praticando um vegetarianismo estrito. É de se perguntar, porém, se o próprio Kabir aprovaria que uma seita religiosa, com códigos, ritos e sacerdotes fosse constituída em seu nome. Espírito livre e libertário, o mestre via a religião institucionalizada como uma camisa de força, conforme deixa claro em vários poemas.

8 "Quando orardes, não sejais como os hipócritas, que gostam de orar em pé, nas sinagogas e nas esquinas das ruas, a fim de serem vistos pelos homens. Em verdade eu vos digo: eles já receberam sua recompensa. Tu, porém, quando orardes, entra no teu quarto, fecha a porta, e ora a teu Pai em segredo. E o Pai, que vê o que está escondido, te recompensará." (Mt, 6: 5,6)

9 Hari é um dos 1000 ou 1008 nomes de Vishnu mencionados no *Vishnu Sahasranama*. É utilizado especialmente em relação a Krishna, considerado um dos avatares (manifestações ou corporificações) de Vishnu. Existem também listas com os 1000 ou 1008 nomes de Shiva (*Shiva Sahasranama*), Shakti (*Lalita Sahasranama*), Ganesha (*Ganesha Sahasranama*), Murugan (*Subrahmanya Sahasranama*) e

outras grandes deidades do panteão hinduísta. Várias dessas listas, com os nomes divinos em sânscrito ou tâmil e suas traduções para o inglês, podem ser acessadas na internet.

[10] Ramananda foi um dos principais protagonistas do renascimento do ioga devocional durante a Idade Média tardia. Tendo Rama, que é outro *avatar* de Vishnu, como deidade favorita, filiava-se à escola *vaishnava* do *bhakti ioga*. Kabir, que muito deveu aos seus ensinamentos, superou-o, ao integrar o *bhakti* hinduísta e o sufismo islâmico, transcendendo, enfim, todos os nomes e formas religiosas.

[11] Sobre o conceito associado a Brahman, ver Posfácio.

[12] As escrituras religiosas hinduístas podem, *grosso modo*, ser divididas em dois grandes conjuntos: os *Shruti* ("Aquilo que é ouvido"), textos que, segundo a tradição, não possuiriam autores humanos, tendo sido recebidos pelos grandes *rshis* (clarividentes e clariaudientes) diretamente do plano divino; e os *Smriti* ("Aquilo que é lembrado"), textos que, apesar de divinamente inspirados, expressariam as opiniões, nem sempre coerentes, de seus autores históricos. Os *Shruti* compreendem, principalmente, os quatro *Vedas* (*Rigveda*, *Samaveda*, *Yajurveda* e *Atarvaveda*) e os *Upanishads* (sobre os *Upanishads*, ver o Posfácio). Os *Smriti* englobam, entre outros livros, o *Ramayana*, o *Mahabharata*, os *Tantras* e os *Puranas*. Os *Puranas* são narrativas mitológicas que, sob a aparência de relatos folclóricos, transmitem uma quantidade prodigiosa de noções e informações filosóficas, cosmológicas, históricas, geográficas e outras. Entre os mais famosos *Puranas* destacam-se o *Shiva Purana*, o *Linga Purana*, o *Skanda Purana*, o *Vishnu Purana* e o *Bhagavata Purana*.

[13] Yogananda, Paramahansa. *Autobiografia de um iogue*. Trad. Adelaide Petters Lessa. São Paulo, Summus Editorial, 1981.

[14] O texto integral da tradução de Tagore e o prefácio de Evelyn Underhill são de domínio público e estão disponíveis em http://www.sacred-texts.com/hin/sok/index.htm. Traduzimos e incorporamos ao nosso

Posfácio um pequeno trecho do ensaio de Underhill, que capta, com rara felicidade, um aspecto essencial da mística kabiriana.

[15] Há uma descrição detalhada dessa história no site da School of Wisdom, uma convergência transnacional e transpessoal de pensadores de vanguarda à qual Tagore esteve ligado. O endereço eletrônico é http://www.schoolofwisdom.com/history/teachers/rabindranath-tagore/

[16] Debendranath Tagore foi líder do Brahmo Samaj, uma corrente religiosa, criada em Bengala no século XIX, que buscava restabelecer a concepção monista do hinduísmo, tal como fora exposta e desenvolvida nos *Upanishads*. Esse enfoque monista "upanishádico" perpassa, explícita e expressivamente, a tradução que Rabindranath fez de Kabir. Sobre o monismo dos *Upanishads*, ver Posfácio.

[17] Pronuncia-se "Guitânjali". O significado aproximado desse título é "Oferenda de Canções". A palavra resulta da junção de dois termos: *gita* ("canção") e *añjali* ("juntar as palmas das mãos em reverência").

[18] Op. cit.

[19] Sen, Kshiti Mohan. *Kabir ke git*. Calcutá, 1910.

[20] Este é um dos raros poemas em que Kabir empresta sua voz ao próprio Deus, para que este fale, como amigo íntimo, ao homem.
Em relação ao quarto verso, vale lembrar que, assim como o santuário da Caaba, na cidade santa de Meca, na Arábia, define o ponto focal (qibla) para o qual os muçulmanos de todo o mundo devem se voltar durante as preces rituais, o monte Kailasa, na cordilheira do Himalaia, no Tibete, é o pólo que orienta o alinhamento arquitetônico dos templos e o posicionamento dos participantes nos ritos religiosos shivaistas. Embora a palavra "Caaba", com "C", seja usual em português, adotamos no poema a grafia "Kaaba" para evidenciar o paralelo com "Kailasa".
Nos dois últimos versos, o mestre refere-se a si mesmo na terceira pessoa, por meio da frase "Kabir diz". Essa fórmula é bastante frequente na poesia antiga e medieval, especialmente naquela que foi

declamada na Índia. Trata-se de um recurso discursivo, consagrado pela tradição. O poeta desenvolve seu argumento ao longo dos versos e, na última estrofe, faz uma espécie de síntese, na forma de um "ditado".

[21] Discípulo de Ramananda e contemporâneo de Kabir, Ravidas foi um poeta, místico e santo que influenciou profundamente o movimento devocional norte-indiano. Nascido no grupo social *chamar*, uma subdivisão dos *dalits* ("párias" ou "intocáveis"), exercia o ofício de sapateiro. Na condição de guru, aceitou discípulos de ambos os sexos e de todas as castas. A feroz oposição dos brâmanes não impediu que desfrutasse de enorme popularidade.

Quanto à palavra *swapasha*, ela aparece como nome próprio na versão inglesa de Tagore, sugerindo a existência de um vidente (*rshi*) assim denominado. Não conseguimos encontrar esse *rshi* nas diferentes listas que consultamos. Por outro lado, em uma fonte tão antiga quanto o *Mahabharata*, já existe menção ao termo *swapasha*, não como nome de um indivíduo particular, mas como denominação de um grupo social. Constituindo outra subdivisão dos *dalits* e exercendo atividades como a curtição de couros, os *swapashas* eram quase tão desprezados na sociedade de castas quanto os *chandalas*, encarregados do manejo dos cadáveres nos crematórios.

Muitos *rshis* eram *dalits* de origem. O mais famoso foi Matanga. Hostilizado pelos brâmanes, que debochavam de suas aspirações espirituais, dedicou-se intensamente às práticas ióguicas, adquirindo imensa sabedoria e poderes místicos (*siddhis*). Segundo a lenda, como recompensa por sua devoção sincera, a Grande Deusa consentiu em encarnar na Terra como sua filha. Nasceu, assim, a deusa Matangi, iniciadora daqueles que buscam a realização espiritual por caminhos não convencionais e inspiradora dos poetas originais e criativos.

A divisão da sociedade em castas foi legalmente abolida na Índia pela Constituição de 1950, elaborada, aprovada e posta em prática pouco depois da independência do país. Mas, como ocorre em todos os lugares, uma coisa é a lei, outra é a prática social concreta. Embora os *dalits* tenham ascendido a importantes posições econômicas, políticas e culturais nos últimos anos, ao ponto de um deles haver-se tornado primeiro-ministro, esse grupo ainda hoje é encarado com desdém pelos hinduístas convencionais, de influência bramânica.

[22] O "lótus das mil pétalas" é a expressão poética, utilizada por várias linhagens do ioga, para designar o *chakra* ("centro de energia sutil") *sahasrara*, situado acima do topo da cabeça. Diz-se que o *chakra sahasrara* é, no microcosmo humano, a "morada de Shiva", o aspecto masculino ou transcendente de Deus. Enquanto que o *chakra muladhara*, situado no períneo, entre os genitais e o ânus, é a "morada da Shakti", o aspecto feminino ou imanente de Deus. A separação entre os dois aspectos divinos seria responsável pela fragmentação da consciência e pela visão dicotômica do mundo. Para superar tal estado, os grandes iogues desenvolveram todo um arsenal de técnicas, destinadas a "despertar" a Shakti e fazê-la "ascender" pelo *nadi* ("canal de energia sutil") *sushumna*, que flui no interior da coluna vertebral, desde o *muladhara* até o *sahasrara*. No cume da ascensão, ocorreria aquilo que os antigos gregos chamaram de *hieros gamos*, o "casamento sagrado", a fusão mística de Shiva e Shakti. O resultado seria o *samadhi*, um estado de superconsciência e intensa comunhão com o Divino, que permitiria ao adepto experimentar a Realidade Unitária e, no limite, manifestá-la integralmente.

[23] *Maya* é o véu ilusório que recobre a Realidade Unitária (*Brahman*) e lhe dá a aparência fragmentada e múltipla do mundo fenomênico. Certa interpretação do *advaita vedanta* atribuiu a *Maya* uma conotação inteiramente negativa. E os vulgarizadores desse enfoque foram longe ao ponto de transformá-la em uma espécie de deusa ardilosa e enganadora. Mas tal interpretação, e mais ainda sua vulgarização, estão em flagrante contradição com a própria essência do *advaita*, que é a não-dualidade. Se tudo é Um, isto é, se tudo é divino, *Maya* também tem de ser! De fato, o *shaiva siddhanta*, que é radicalmente monista, entendeu *Maya* como um dos *tattvas* – princípios ou instâncias da manifestação divina. No caso, trata-se de um princípio de relativização, absolutamente necessário para a produção do mundo concreto.

Isso não significa que o *shaiva siddhanta* tenha pura e simplesmente aderido a *Maya*. Entendendo, dialeticamente, que a aparência tanto manifesta quanto oculta à essência, a atitude dos grandes iogues dessa linhagem desdobra-se em três momentos: tese (aceitação do mundo fenomênico), antítese (desapego em relação às exterioridades do mundo e aspiração por uma realidade interior e superior), síntese (engajamento na transformação do mundo, de modo que, sem deixar de existir, ele venha a expressar, cada vez mais, a realidade interior e superior, que é, afinal, sua verdadeira natureza).

Evidentemente, tudo isso é muito mais fácil de dizer do que de fazer. E o poema descreve toda a dificuldade que aquele que se atreve a nadar contra a corrente deve enfrentar. Como a bailarina dos sete véus, cada vez que se despe de um, a divina *Maya* exibe outro.

[24] O "grande ponto", referido no verso, é o *mahabindu*, um conceito fundamental da cosmogonia hinduísta. Conforme supuseram os antigos sábios, nesse ponto sem dimensões, nesse "nada que é tudo", para repetirmos as palavras de Fernando Pessoa, o Absoluto, ensimesmado, preexiste a toda manifestação e relativização.

[25] A palavra "faquir", que deriva do árabe *faqr* ("pobreza"), tem o mesmo significado que o termo de origem persa "dervixe". Ambas as palavras designam, no sufismo, aqueles que se libertam de suas posses e vínculos mundanos para seguir o caminho espiritual. Seu equivalente, no hinduísmo, é o *sadhu* – aquele que se dedica a uma *sadhana* (disciplina espiritual). Nestes versos, Kabir não se refere a um aspirante, a um buscador da verdade, mas a um mestre inteiramente realizado. Como afirmou Paramahansa Yogananda em sua Autobiografia de um iogue, Bábaji foi o guru secreto de Kabir. A presença do misterioso mestre é quase palpável no poema.

[26] Nos templos indianos, é habitual os devotos oferecerem flores e outros materiais prescritos pela tradição, que são queimados no fogo sacrificial (*homa*) durante a cerimônia religiosa (*puja*). As cinzas sagradas (*vibhuti*), resultantes da queima, são devolvidas aos devotos,

que as aplicam sobre a testa e outras partes do corpo. As flores e demais materiais representam a própria pessoa, em sua concretude cotidiana. Consumida simbolicamente no fogo transformador, ela seria transmutada pelo ritual. Tal é o significado convencional do *vibhuti*. Como sempre, Kabir afirma, no poema, que de nada vale tal prática exterior, se não for acompanhada pela atitude interior correspondente.

[27] Dos poemas vertidos por Tagore, este foi, talvez, o que mais repercutiu no Ocidente, impressionando profundamente Yeats e outros intelectuais que o leram. De fato, o símbolo do cisne é recorrente na cultura mundial. A história do *Patinho Feio*, de Hans Christian Andersen (1805 – 1875), que, ridicularizado por sua aparência e inadaptado ao seu meio durante a infância, cresce e amadurece como um esplêndido cisne, é uma metáfora clássica daquele que trilha o caminho espiritual. No hinduísmo, o cisne é a montaria (*vahana*) da deusa Saraswati, protetora do conhecimento, da música e da literatura. E o título *Paramahansa* (Supremo Cisne) foi atribuído a muitos mestres que alcançaram a iluminação, aludindo à capacidade do cisne de transitar entre os diferentes "elementos" (a terra, a água, o ar) sem se apegar a nenhum deles. Ramakrishna e Yogananda foram os mais famosos iogues dos tempos modernos que receberam esse título.

[28] Os *dez avatares* (*dashavatara*) são, na tradição *vaishnava*, as dez encarnações terrenas de Vishnu (Deus em seu aspecto mantenedor). São eles: Matsya (o Peixe), Kurma (a Tartaruga), Varaha (o Javali), Narasimha (o Homem-Leão), Vamaha (o Anão), Parashurama (o Santo Guerreiro), Rama (o Rei), Krishna (o Mestre Amoroso e Encantador), Buddha (o Iluminado) e Kalki (o *Avatar* Futuro, que virá reorganizar o mundo no final da *Kali Yuga*, a Idade das Trevas).

[29] Expressões como "som não percutido" e "luz imaculada", que aparecem neste poema, não são simples soluções poéticas, mas conceitos que, na alta espiritualidade indiana, possuem sentidos precisos. *Aum* (o "som primordial" ou "som não percutido") e *Ananda* (que costuma ser

traduzido como "suprema beatitude" ou "supremo gozo", mas também poderia ser percebido, extrassensorialmente, como "luz imaculada") são as primeiras manifestações fenomênicas de Deus. Não são a "voz de Deus" ou a "luz de Deus", como às vezes se diz. Mas o próprio Deus, manifestando-se como movimento, oscilação ou vibração, extrafísicos ou metafísicos. Também não são som e luz na acepção material das palavras. Mas o protossom e a protoluz, que, somente após muitas "veladuras", poderão ser apreendidos como som e luz no plano sensível. Talvez esses conceitos se tornem mais claros se considerarmos o esquema cosmogônico do *shaiva siddhanta*, a tradição dos chamados "iogues perfeitos". Nesse esquema, Deus é, primordialmente, *Parashiva*, que corresponde ao *Brahman* ou *Parabrahman* do *vedanta*. *Parashiva* é a Realidade Absoluta. Indescritível, inimaginável, inconcebível, constitui o supremo mistério. Um incompreensível "impulso instaurador" (*spanda*) faz que *Parashiva* emirja de sua completa autoimersão e, "extrovertendo-se", se manifeste como *Shiva*, a pura consciência, a pura potência, o puro auspício – o saber ser, o poder ser, o querer ser, mas ainda não o ser. Se *Parashiva* é o inefável, *Shiva*, seu primeiro *tattva* ou manifestação, é a suprema quietude, na qual o cosmo inteiro repousa, em um estado puramente potencial e incriado. O "impulso instaurador", porém, continua. E *Shiva*, "avivando-se", manifesta-se como *Shakti*, o segundo *tattva*, que é o poder de expressão, o poder de atuação, o poder de objetivação – capaz de, a partir do saber ser, do poder ser, do querer ser, produzir efetivamente o ser.

Parashiva, *Shiva* e *Shakti* constituem a Suprema Tríade, a Santíssima Trindade, os três momentos do Divino, infinitesimalmente próximos, que precedem qualquer fenômeno e o próprio ser. O ser e, a partir dele, toda a realidade fenomênica só irão se efetivar, graças aos poderes da *Shakti*, por meio de *Aum*, o verbo primordial. De forma apenas alusiva e grosseira, poderíamos representar *Parashiva*, inteiramente ensimesmado, por meio do "grande ponto" (*mahabindu*). *Shiva*, que constitui uma expansão infinita, mas puramente virtual, de *Parashiva*, seria algo como um oceano vazio, que contém, no entanto, todas as possibilidades metacósmicas e cósmicas. No domínio da *Shakti*, e por meio de *Aum*, que é a manifestação de seu poder instaurador, o oceano vazio se enche de "luz imaculada" e se transforma no oceano de beatitude (*Ananda*). Tornam-se presentes, então, as três características que constituem o Divino Manifesto: *Sat* (Ser), *Chit* (Consciência) e *Ananda* (Beatitude). A partir de *Sat-Chit-Ananda* ou *Satchidananda* (que é a contração dos três termos), e mediante uma sucessão de "veladuras" (*tattvas*), a realidade material é, finalmente, produzida.

O modelo do *shaiva siddhanta* utiliza um esquema de 36 *tattvas*, ou instâncias, para descrever e explicar essa descida do Uno ao múltiplo. *Parashiva*, que precede toda a manifestação, é o *atattva*, isto é, o não *tattva*, a não instância A partir de seu misterioso "impulso instaurador", são geradas, sucessivamente, instâncias cada vez mais veladas e fragmentadas, até se chegar ao mundo material, com sua miríade de entes e fenômenos. Tais instâncias não constituem, porém, uma sequência cronológica, porque o tempo, simultaneamente real e ilusório, só é produzido ao longo do processo. De modo que, no ente concreto, finito e limitado, subjazem todos os *tattvas* e o próprio *Parashiva*, que, afinal, constitui sua realidade primeira e última.

[30] O rio Yamuna é o principal tributário do Ganges. Suas águas descem o Himalaia para encontrar as do Ganges na antiquíssima cidade de Prayag, que recebeu dos imperadores mughals o nome de Allahabad ("Fundada por Deus"). O encontro das duas águas é considerado extremamente auspicioso. E, no local em que ocorre, celebra-se, a cada 12 anos, a maior das quatro *Kumbha Melas*, a *Maha Kumbha Mela* (Grande Festival do Pote). Sobre o significado dessa festividade religiosa, ver o ensaio introdutório.

[31] Uma narrativa dos *kabirpanthis* diz que Dharmadas era o rei de Varanasi. Instigado pelos *pandits* hinduístas e pelos *mulás* muçulmanos, que acusavam Kabir de heresia, chamou o poeta ao palácio para inquiri-lo sobre seus ensinamentos. Diante de toda a corte, reunida no salão de audiências, Kabir respondeu, uma a uma, as perguntas do rei. E, a cada resposta, mais maravilhado ficava o soberano com a sabedoria do menestrel. Ao final, Dharmadas retirou-se com Kabir para um aposento reservado e, nele, o grande mestre lhe propiciou a experiência direta

da Luz Divina e do Santo Nome de Deus. Quando retornou ao salão, Dharmadas colocou Kabir sentado no trono e se curvou diante dele em reverência. A partir de então, tornou-se um discípulo fiel do poeta. (Sobre os *kabirpanthis*, ver o ensaio introdutório).
Durbar é a palavra, de origem persa, que designa o salão de audiências de um grande soberano.

[32] Uma importante prática ióguica consiste em visualizar ou imaginar os pés do Satguru apoiados sobre o topo da cabeça, onde se localiza o *chakra sahasrara*, o "lótus das mil pétalas".

[33] O conteúdo do verso de Kabir torna-se mais claro se nos lembrarmos da famosa frase de Paulo em sua *Epístola aos Gálatas*: "Eu vivo, mas já não sou eu que vivo. É o Cristo que vive em mim" (Gl, 2: 20). A interpretação esotérica da afirmação do apóstolo é a de que, após anos e anos de completa entrega, ele havia deslocado seu senso de identidade, do "pequeno eu" (o ego) para o "Grande Eu" (o Cristo). Totalmente identificado com essa instância maior, já não era o ego, mas o próprio Cristo que pensava, falava e agia por meio dele. Tal parece ser o sentido de "morrer permanecendo vivo". Quem alcança essa condição, ainda que morra, não morre, pois não se identifica mais com o "pequeno eu", que se desintegra com a morte física, porém com o "Grande Eu", que, imortal, permanece.

[34] O verso alude a um episódio da lenda de Sita, a esposa de Rama: acusada injustamente de adultério, a deusa se submete à "prova do fogo", para demonstrar sua inocência.

[35] Segundo o *advaita vedanta*, *Brahman*, o Absoluto, é sem qualidades (*nirguna*). Pois se fosse o que tem qualidades (*sarguna*) seria o relativo, uma coisa entre outras, e não o que engloba todas as coisas e também as transcende. As três qualidades principais (*gunas*), das quais todas as outras por composição derivam, são *tamas* (imobilidade ou apatia), *rajas* (movimento ou paixão) e *sattva* (existência ou pureza).

[36] Gorakhnath é um dos 18 *siddhas* ("iogues perfeitos") e um dos 9 *nath saddhus* ("ascetas sagrados"). Essas duas linhagens, ambas da tradição shivaista, tiveram enorme importância no desenvolvimento do ioga. E ao próprio Gorakhnath são atribuídos vários tratados dedicados ao assunto, além de textos sobre filosofia, alquimia e medicina. Alguns autores argumentam que esse grande santo e sábio teria vivido no século XI ou XII. Mas os devotos fazem sua existência remontar a tempos imemoriais e afirmam que ele seria um daqueles que, por meio do ioga, teriam conquistado a imortalidade. Existem os que vão ainda mais longe e o consideram uma encarnação do próprio Shiva.
Ao adotar como interlocutor fictício um iogue dessa estatura, Kabir dá bem uma ideia da grandeza de sua própria realização espiritual.

[37] O "pássaro cantor" de Kabir é anterior ao "pássaro solitário" de San Juan de la Cruz (1542 – 1591). Embora as características de ambos assemelhem-se muito, o mestre indiano emprestou à sua ave simbólica uma expressão mais alegre. Assim o grande místico espanhol enunciou as cinco propriedades do "pássaro solitário": "a primeira é que ordinariamente se coloca no local mais alto; a segunda é que sempre volta o seu bico para o lugar de onde vem o ar; a terceira é que geralmente está só e não admite nenhuma outra ave junto de si, senão que, pousando alguma por perto, logo se vai; a quarta é que canta muito suavemente; a quinta é que não é de nenhuma cor determinada".

[38] Kabir se reveste, neste e em outros poemas, da *persona* feminina, para expressar, nos termos de um enredo nupcial ou conjugal, sua aspiração pelo encontro com o Amado. Há, nisto, mais uma semelhança com San Juan de la Cruz. Pois, em poemas como o *Cântico Espiritual*, inspirado pelo *Cântico dos Cânticos*, também o místico espanhol assumiu a voz da mulher, para dar expressão à alma, que, como "esposa", corre o mundo em busca de seu "Esposo", o Deus que se ocultou.
Em sua imensa sede pelo Divino, os grandes místicos foram capazes não apenas de construções poéticas desafiadoras, mas também de comportamentos totalmente fora dos padrões socialmente estabelecidos. Um caso extremo foi o do grande iogue Ramakrishna Paramahansa (1836

– 1886). Em seus exercícios espirituais, ele experimentou o Divino sob a forma de vários deuses e deusas do panteão indiano. E também nos moldes estabelecidos pelas tradições cristã e islâmica. Experimentou-o ainda como o Brahman sem forma e qualidades do *advaita vedanta*. Em todos os casos, a experiência era levada às últimas consequências e culminava na fusão do contemplador com o Objeto de sua contemplação. Durante o período em que meditou no Divino sob a forma de Krishna, o iogue chegava a se vestir de mulher para desempenhar o papel de Radha, a amante e amada do grande *avatar*.

Seu comportamento, nestas e em outras ocasiões, era tão extravagante, tão bizarro, que ele mesmo chegou a suspeitar de que poderia sofrer de algum distúrbio psíquico, e submeteu o seu caso à avaliação de dois grandes eruditos. Estes encontraram precedentes nas Escrituras e concluíram que o homem não era um louco, mas um santo. Assim, o grande místico pode voltar tranquilamente para suas excentricidades, com o aval da tradição.

É compreensível que os críticos de viés materialista e psicologizante se sintam tentados a reduzir tudo isso à mera expressão de tendências sexuais reprimidas. Mas, se o fizerem, estarão lançando sua seta muito longe do alvo. Pois a sexualidade, na acepção usual do termo, é realmente uma questão menor e até mesmo irrelevante na vida desses grandes místicos. Se utilizaram o vocabulário erótico para expressar seu amor foi porque essa era linguagem disponível. Mas aquilo que pretendiam dizer não cabe em palavras. De fato, como já sentenciou alguém há muito tempo, é impossível medir o oceano com uma xícara de chá.

[39] Uma das mais belas formas de Shiva é a do Nataraja, o bailarino cósmico. Sua dança é chamada de *tandava*. E, por meio dela, Shiva executa os cinco atos divinos (*panchakriya*): a criação, a manutenção e a destruição do cosmos, e o obscurecimento e o esclarecimento da consciência. Ao meditar sobre o *tandava*, o iogue progressivamente reconhece todos os acontecimentos da vida como manifestações do Divino. E, no limite, alcança um estado de equanimidade, no qual o êxito ou o fracasso, a fortuna ou o infortúnio se tornam equivalentes.

Como o próprio Nataraja, ele a tudo contempla, e a nada se apega, imerso em inabalável gozo.

[40] A imagem enganosamente doméstica e acomodada da primeira estrofe é ressignificada pela segunda. O lar de que fala o poeta é a própria consciência do buscador, que não precisa abraçar o tumultuoso caminho da renúncia, e "vagar sem rumo na floresta", para alcançar a meta verdadeira. A vastidão da paisagem mística não premia apenas aquele que escala o Himalaia. Embora sempre difícil de ver, ela pode ser descortinada também em uma vida caseira ordenada e tranquila.

Os grandes *siddhas* do passado foram, muitas vezes, homens casados e pais de família, que, além de manterem uma vida conjugal e familiar harmoniosa e feliz, deram relevantes contribuições à sociedade e à cultura. A eles são creditados importantes tratados nos campos do ioga e da filosofia, das matemáticas e da física, da astronomia e da astrologia, da química e da alquimia, da mineralogia e da botânica, da fisiologia e da medicina, da arquitetura e da poesia. A excelência desse legado cultural só muito recentemente começou a ser reconhecida pelos estudiosos ocidentais.

Embora em menor número, houve também *siddhas* mulheres. Assim como o Ocidente foi capaz de produzir uma Hildegarda de Bingen e uma Teresa de Ávila, também a Índia teve a sua Avvai e a sua Mirabai. O "menor número" não se deve, evidentemente, a nenhuma incapacidade do gênero feminino para a espiritualidade, como já afirmaram alguns tolos. Mas, tão somente, a uma injunção da ordem patriarcal, que colocou sobre as costas da mulher todo o peso dos encargos familiares e domésticos. E, durante séculos, obstaculizou seu acesso à educação e à cultura.

A *siddha* Avvai viveu no sul da Índia durante o primeiro milênio depois de Cristo e sua obra literária se inclui entre os clássicos da língua tâmil. Uma tradução de seus poemas foi publicada recentemente em inglês (Kandaswamy, S.N. *The yoga of Siddha Avvai*. Bangalore, Babaji's Kriya Yoga Order of Acharyas Trust Publications, 2004). No prefácio a essa obra, M. Govindan Satchidananda, o presidente da Babaji's Kriya

Yoga Order of Acharyas, escreveu: "Avvai afirma que seu guru era *Aum*, o próprio *Pranava* [Som Primordial], que, personificado na forma de Ganesha, lhe ensinou *kundalini ioga*. Sua poesia invoca a presença do guru e, assim, acende no interior do leitor a chama da consciência espiritual. Ela também enfatiza a prática esotérica da *kundalini ioga* como caminho para a iluminação e a realização de Deus".

[41] A figura do "louco de Deus" é comum a várias tradições espirituais. A questão é saber se ele é louco mesmo ou alguém rotulado como insano por uma ordem social que se julga sã. Ou ainda alguém que se faz passar por louco para exercer um impacto transformador sobre essa mesma ordem. No sufismo, há um sem número de relatos, de sabor folclórico, mas sentido pedagógico, que têm como personagem principal um indivíduo denominado *Majnun Qalandar* ("Louco Errante"). Diz-se que ele perambulou durante 40 anos por toda uma vasta porção do Oriente como um contador de histórias itinerante.

[42] *Qadi* é o juiz muçulmano, que julga de acordo com a *sharia*, o sistema legal islâmico. *Pandit* é o instrutor hinduísta, altamente versado nas Sagradas Escrituras indianas.

[43] Assim como ocorre no taoísmo chinês, e também na alquimia ocidental, a ideia da imortalidade física é um forte componente do *shaiva siddhanta* indiano. Conforme a tradição, um dos atributos do *mahasiddha*, que realizou de maneira plena todas as possibilidades divinas latentes no humano, é a imortalidade. Tal condição nunca é um prêmio pessoal, mas uma graça que, por meio do grande mestre, se distribui para a humanidade inteira. Babaji, o guru secreto de Kabir, seria, segundo os seus devotos, um dos imortais, presente neste planeta, em um corpo físico transmutado, desde o século III d.C.

[44] Os *rishis* ou *rshis*, mencionados no poema, eram, segundo a tradição, os antigos clarividentes e clariaudientes, que teriam recebido, do Plano Divino, os hinos védicos e os mais sagrados mantras. E aos quais muitos livros, tidos como divinamente inspirados, foram atribuídos. A

tradição honra especialmente os "sete *rishis*" (*saptarishi*). Mas a lista desses videntes varia conforme a fonte consultada. Agastya ou Agastyar é, muitas vezes, mencionado como *maharishi* ou *maharshi* ("grande vidente"). E seu nome também é o primeiro ou o segundo na relação dos 18 *siddhas* ("iogues perfeitos"). Nas literaturas sânscrita e tâmil, existem numerosas lendas a seu respeito. Conforme tais relatos, seu guru teria sido o próprio Shiva, que, manifestando-se na forma humana, transmitiu o ioga à humanidade.

O poema também se refere às "seis filosofias". As "seis filosofias" ou "seis escolas filosóficas" da Índia são: *samkhya, ioga, nyaya, vaisheshika, mimamsa e vedanta*. Evidentemente, estas seis escolas não foram as únicas. Mas são aquelas consideradas clássicas pela ortodoxia hinduísta.

Finalmente, a misteriosa "palavra" que constitui o cerne do poema: análoga ao Verbo bíblico, ela não pode ser outra senão *Aum*, o "som primordial", que se exterioriza como *Om*. Sobre a interpretação de *Aum*, ver a nota ao Poema 15.

[45] Raidas é o mesmo Ravidas, mencionado no poema 2. Shuka ou Shukadeva, um asceta errante e nu que a tradição tomou por filho do sábio Vyasa (considerado o compilador dos *Vedas* e o autor do *Mahabharata*), teria superado o pai em santidade e sabedoria. Conforme o próprio *Mahabharata*, em função das austeridades praticadas durante séculos por Vyasa, Shukadeva já nasceu iogue e iluminado, manifestando com esplendor a luz dos *Vedas*.

[46] Nos dois versos que formam a sentença, Kabir evoca, pela negação, algumas ações características dos *pujas*, os rituais devocionais hinduístas.

[47] Hari, que pode ser traduzido por "Aquele que rouba", é, como já dissemos, um dos 1000 ou 1008 nomes de Vishnu, particularmente utilizado em relação a Krishna, o oitavo avatar ou encarnação do Deus, que, por seu caráter encantador, é chamado poeticamente de "Ladrão de corações". *Ar-Rahman* ("O Beneficente") é um dos 99 nomes de Deus mencionados no Corão e um dos três nomes divinos que compõem a

Basmallah, a frase que inicia o livro sagrado: *Bismillah ir-Rahman ir-Rahim* ("Em nome de Deus, o Beneficente, o Misericordioso"). *Al-Karim* ("O Generoso") é outro dos 99 nomes divinos que se manifestam no texto corânico, enquanto que Ram (Rama), o rei protagonista do grande épico *Ramayana*, é o sétimo avatar de Vishnu. Embora não seja usual escrever os nomes próprios (Allah, Vishnu, Hari, Rahman etc.) em itálico, adotamos esta solução no corpo do poema, para enfatizar o paralelo que Kabir estabelece entre as denominações do Divino no islamismo e no hinduísmo. Quanto a *Pir* ("ancião", em persa) é um título reverente atribuído aos mestres sufis. Equivale à palavra árabe *shaikh* ou *sheik.*

[48] O Saraswati é um dos rios sagrados mencionados no *Rig Veda*. Obras posteriores, como o *Mahabharata*, referem-se ao seu ressecamento parcial. Com o tempo, ele veio a secar de todo. E os cientistas modernos concluíram que as referências relativas a esse rio eram puramente lendárias. Porém, imagens de satélite mostraram depois que uma importante bacia hidrográfica de fato existiu na região mencionada pelas Escrituras. Dela, sobreviveram cursos d'água sazonais, que fluem na época das monções.

Na área desertificada que margeia os antigos leitos foram descobertos centenas de sítios arqueológicos relacionados com a grande cultura de Mohenjo-Daro e Harappa. E o desastre ambiental que teria levado ao ressecamento do Saraswati, por volta de 2000 a.C., é tido, por alguns pesquisadores, como a causa mais provável do colapso da civilização harappana.

A deusa Saraswati, protetora do conhecimento e das artes, era, originalmente, uma deidade associada a esse rio. Seu próprio nome, que contém a palavra *saras* ("água" ou "fluido"), sugere isso com clareza. À medida que o pensamento religioso indiano se sofisticou, as características atribuídas a essa deusa se tornaram mais abrangentes e abstratas.

Mais de um rio vivo recebe, na atualidade, o nome de Saraswati. Mas nenhum deles pode ser identificado com o Saraswati védico. Um desses cursos d'água irrompe vigorosamente de uma fenda na montanha rochosa, nas imediações do vilarejo himalaico de Mana, a poucos quilômetros da fronteira indo-tibetana. Depois de fluir por pequena distância, ele se junta ao rio Alaknanda, compondo o primeiro dos cinco *prayags* (ou encontros de águas) que dão origem ao Ganges.

[49] Na escala evolutiva, tal como a entende o *shaiva siddhanta* (a tradição dos *siddhas* ou "iogues perfeitos"), o sábio ocupa uma posição mais elevada do que o santo. Pois, enquanto a aquisição da santidade decorre da *unio mystica* (a união da consciência com o Divino) no "domínio espiritual", a conquista da sabedoria pressupõe um passo a mais, com a *unio mystica* no "domínio intelectual". Vale dizer que deriva de uma descida ainda mais profunda da luz divina sobre o ente humano. No primeiro caso, a ancoragem ou impregnação pela luz se dá no nível do *chakra* (centro de "energia sutil") *sahasrara*, localizado no topo da cabeça. No segundo caso, a luz se aprofunda e ancora nos *chakras ajna* e *vishuddha*, localizados, respectivamente, entre as sobrancelhas e na garganta. Quanto mais a luz desce sobre os "corpos" ou "domínios" que o compõem, mais o indivíduo sobre na escala evolutiva. Por isso, a evolução pode e deve prosseguir, com a realização, pelo indivíduo, dos potenciais de *siddha* (*unio mystica* no "domínio mental", com a impregnação do *chakra anahata*, no meio do peito), *mahasiddha* (*unio mystica* no "domínio vital", com a impregnação dos *chakras manipura*, na altura do umbigo, e *swadhistana*, na altura do púbis), e, finalmente, *avatar* (*unio mystica* no "domínio físico", com a impregnação do *chakra muladhara*, no períneo, entre os genitais e o ânus). Segundo a tradição, mesmo os estágios mais elevados de autorrealização estão ao alcance de todos os entes humanos, mas sua efetivação pode demandar muitíssimas encarnações.

Tais ideias nos ajudam a perceber quão enganosa é a imagem de simplicidade do poema de Kabir. Por trás das belas metáforas agrícolas empregadas pelo poeta, se escondem orientações esotéricas muito densas e precisas.

[50] O *padapuja*, ou adoração dos pés do *satguru*, é uma forma de devoção muito disseminada na Índia. No *padapuja*, os pés do mestre realizado, que pode estar corporalmente presente ou ser representado por um

símbolo, são lavados, untados com materiais preciosos e enfeitados com flores. Como sempre, o ritual exterior, realizado por meio de atos físicos, é considerado menos efetivo do que o ritual puramente interior, realizado por meio da imaginação, em estado meditativo.

[51] O subcontinente indiano localiza-se inteiramente no hemisfério norte. O equinócio vernal, que marca o início da primavera na porção setentrional do planeta, ocorre predominantemente nos dias 20 ou 21 de março. E, com menor incidência, no dia 19 do mesmo mês. Essa pequena variação se deve ao fato de o movimento de translação da Terra não durar exatamente 365 dias. As horas adicionais, acumulando-se, fazem que, de tempos em tempos, a data equinocial se desloque em um ou dois dias.

[52] Narada é um personagem mitológico ou semimitológico mencionado nos *Vedas*, nos *Puranas* e em outros textos tradicionais da Índia. Tido como sábio errante e menestrel, ele é descrito portando um instrumento de corda (*tambura*), com o qual acompanha seus hinos e recitações. As escrituras exaltam sua capacidade de viajar livremente entre os diferentes *lokas*, ou "planos de manifestação", transitando com facilidade do "mundo dos homens" (*Bhuloka*) ao "mundo dos deuses" (*Shivaloka*).
Na mitologia purânica, Narada presenteia o casal supremo, Shiva e Párvati, com uma romã. Desejosos de transferir a honraria a seus filhos – Ganesha e Murugan –, mas cientes de que a romã não devia ser dividida, o Pai e a Mãe divinos estabelecem um torneio: quem der a volta ao mundo e regressar primeiro receberá o presente. Iniciada a prova, Murugan, mais jovem e inocente, parte a toda velocidade, montado em seu animal tutelar, o pavão. Ganesha fica parado e, quando vê seu meio-irmão desaparecer no horizonte, dá uma volta completa em torno do Pai e da Mãe, dizendo: "Tudo que existiu, existe ou existirá está aqui". Como isso, ganha a romã, pois, de fato, o Divino enfeixa todas as possibilidades de manifestação. De volta ao lar, depois de atravessar vales e montanhas, desertos e florestas, rios e oceanos, Murugan fica extremamente desapontado, ao descobrir que havia sido ludibriado pela

astúcia de Ganesha. Magoado, não atende às palavras conciliadoras de Shiva, e abandona a casa paterna. Deixando o Monte Kailasa, situado no Norte, dirige-se ao Sul, que representa, figurativamente, o "mundo dos homens". Assim, para o benefício da humanidade, o Filho Arquetípico vem residir entre nós. Mais tarde, os dois irmãos se reconciliam.

[53] Utilizamos com liberalidade as palavras "hinduísta" e "hinduísmo" apenas por uma questão de conveniência, para facilitar a comunicação. Tais termos, e mais ainda a denominação "hindu" (forjada durante o período do domínio colonial britânico), são rejeitados pelos grandes sábios da Índia. Estes referem-se à tradição imemorial que se manifestou em sua terra como *sanatan dharma* ("lei eterna"). De seu ponto de vista, embora revestido historicamente com uma roupagem cultural indiana, o *sanatan dharma* não seria histórico nem indiano, mas atemporal e universal.

O que chamamos impropriamente de "hinduísmo" é, na verdade, um amálgama de vários cultos independentes, praticados na Índia ao longo de milênios. Após um demorado período de decadência, decorrente da degeneração de suas práticas rituais (que passaram a incluir sacrifícios animais e até humanos) e da maciça difusão do budismo (patrocinada pelo imperador Ashoka), esses cultos ancestrais foram recuperados, revitalizados e integrados, no século IX d.C., pelo filósofo Adi Shankaracharya (também conhecido por Shankara, seu nome próprio), sobre cujo pensamento discorreremos neste Posfácio.

Além de reinterpretar filosoficamente as velhas crenças, Shankara estabeleceu, para as amplas massas de devotos, uma prática cotidiana, denominada *shanmata* ("sistema sêxtuplo"), baseada na adoração de seis deidades principais. Pela ordem: Ganesha, Shakti, Shiva, Vishnu, Surya e Skanda. Por meio dessas seis deidades maiores, o grande monista, que meditava no Absoluto sem forma, ofereceu aos fiéis a possibilidade de reconhecer Deus em qualquer forma divina.

[54] Um poderoso movimento com tal viés, centrado no culto de Shiva, constituiu-se no sul da Índia, entre os séculos VII d.C. e IX d.C., comunicando-se poeticamente no idioma tâmil. Os grandes representantes dessa tradição, conhecidos como "63 santos shivaístas"

ou *nayanmars* ("comandantes"), são até hoje intensamente venerados no estado indiano do Tâmil Nadu. Entre eles, destacam-se os nomes de Appar, Sambandhar, Sundarar e Manikkavachakar. Seus poemas – juntamente com o *Tirumantiram*, o famoso tratado de ioga escrito pelo *siddha* Tirumular – compõem o principal corpo literário da língua tâmil. Muito tempo depois, já no crepúsculo da Idade Média, e como resposta ao enorme impacto representado pela conquista muçulmana, surgiu, no Norte da Índia, outra corrente, tendo por foco, desta vez, o culto de Vishnu. Embora não tenham sido as únicas, essas duas escolas devocionais, a *shaiva* (de Shiva) meridional e a *vaishnava* (de Vishnu) setentrional, foram as principais manifestações do *bhakti ioga*.

[55] O *vedanta* nasceu com os *Upanishads*, vasto conjunto de tratados místico-filosóficos voltados para a explicitação e o comentário do sentido interior e oculto dos *Vedas*, os quatro livros sagrados do hinduísmo. Produzidos ao longo de dois mil anos de especulação filosófica e prática mística, desde antes do surgimento do budismo até o período medieval, os *Upanishads* compõem-se idealmente de 108 textos. Mas 108, assim como 18 e outros números cuja soma dos algarismos perfaz 9, é uma cifra mística, que expressa a ideia de totalidade. De fato, conhecem-se atualmente mais de 200 *Upanishads*. A visão que deles deriva recebeu dois tipos de interpretação: a dual (*dvaita*), que diferencia a criatura do Criador, e a não dual (*advaita*), que concebe a criatura e o Criador como um e o mesmo. Isto é, que entende a criatura não como um objeto externo ao Criador, mas como sua manifestação. Embora seja a mais famosa, o *advaita vedanta* não é a única escola do monismo indiano. Ao longo de sua portentosa história, a Índia produziu outras correntes monistas, como, por exemplo, o *shaiva siddhanta*, a tradição dos chamados "iogues perfeitos" (*siddhas*). As diferenças entre o *advaita vedanta* e o *shaiva siddhanta* são muito sutis para serem explicadas em uma nota de rodapé. Até porque ambas as escolas se dividem em várias subescolas, cada qual com seu enfoque e sua ênfase peculiares.

[56] Não confundir Brahman (a Realidade Absoluta) com Brama (uma de suas manifestações relativas). No sincretismo hinduísta, Brama (a deidade

criadora), Vishnu (a deidade mantenedora) e Shiva (a deidade destruidora) compõem a *trimurti* ("três formas"), a tríplice manifestação de Brahman. Mas Brahman é tanto manifesto quanto imanifesto. Indescritível, inimaginável, inconcebível, pode-se dizer que o Brahman do hinduísmo corresponde ao Ayn da cabala judaica, ao En do neoplatonismo grego, ao Tao do taoísmo chinês. Para enfatizar sua natureza inefável, muitos preferem a denominação Parabrahman ("Brahman supremo" ou "Aquele que está além de Brahman"). No *shaiva siddhanta*, que é uma tradição shivaísta, a mesma noção recebe o nome de Parashiva ("Shiva supremo" ou "Aquele que está além de Shiva").

[57] *Avatar* é a manifestação de Deus em um corpo físico. Rama e Krishna, que, segundo várias evidências, foram personagens históricos, isto é, homens de carne e osso, são considerados *avatares* de Vishnu. E os hinduístas não sentem nenhuma dificuldade em estender o mesmo conceito a Buda ou a Jesus.

[58] A história da criação desse poema ilustra de maneira muito viva a personalidade e o pensamento do filósofo. Diz-se que ele caminhava em companhia dos discípulos pela cidade de Varanasi, quando, em um *ghat* às margens do Ganges, viu um velho gramático dando aula a seus jovens alunos. Assim como algumas outras religiões, o hinduísmo bramânico é extremamente minucioso e atribui enorme importância à prática rigorosa dos ritos e à recitação perfeita dos hinos e invocações. Fiel a essa herança cultural, o gramático louvava com entusiasmo as maravilhas do idioma sânscrito e a correção das regras gramaticais. Compadecido por esse homem, que se distraía com o acessório e deixava escapar o essencial, já próximo do fim da vida e ainda tão distante da meta, Shankaracharya criou, de um só fôlego, a primeira estrofe do poema: "Adora o Senhor! / Adora o Senhor, ó tolo! / Quando chegar a hora predeterminada, / De nada valerão as regras da gramática".

As outras estrofes se sucederam com fluência – algumas acrescentadas pelos discípulos –, compondo um discurso que funde, de maneira exemplar, o conteúdo austero do *advaita vedanta* com a forma apaixonada do *bhakti ioga*.

O *Bhaja Govindam* é longo demais para ser reproduzido aqui. Uma apresentação bem reputada, com a transcrição do poema sânscrito em caracteres devanágaris, a transliteração em caracteres latinos e a tradução para o inglês encontra-se disponível em http://www.kamakoti.org/shlokas/kshlok19.htm. Foi nela que nos baseamos para verter a primeira estrofe ao português.

[59] *Advaitim* é o adepto do *advaita*, isto é, da concepção não dual da Realidade. Em outras palavras, aquele que reconhece que "tudo é um". Esse reconhecimento, que comporta várias dificuldades teóricas, é ainda mais difícil de ser levado à prática. Uma lenda sobre Shankaracharya ilustra bem esse ponto. Diz ela que, em certa ocasião, quando se dirigia ao templo para as orações, o filósofo foi interpelado por um "pária", pertencente ao segmento mais baixo da pirâmide social. O antigo e abominável sistema de castas da Índia impedia qualquer contato físico com os "párias", que, por isso, eram chamados de "intocáveis". Para não esbarrar no homem, Shankaracharya pediu educadamente a ele que se afastasse. O "intocável" então lhe falou: "Ó Shankara, quando pedes que eu me afaste, é um corpo feito de carne que pede a outro corpo feito de carne que se afaste ou trata-se da solicitação de uma consciência a outra consciência? Ó expositor do *advaita*, se estás cego pela aparência das coisas, como podes ensinar a verdade?". Fulminado por essas palavras, Shankaracharya prostrou-se aos pés do "pária" e imediatamente compôs um poema proclamando a igualdade de todos os seres. Segundo os antigos biógrafos, o "intocável" não era outro senão o próprio Shiva, que buscava remover da mente e do coração do filósofo os últimos traços de egoísmo.

[60] A palavra "guru" significa, literalmente, "aquele que dissipa as trevas". Antes de se referir a um ser humano particular, esse termo nomeia um princípio arquetípico de orientação, que corresponde ao que alguns chamaram de "eu profundo" ou "mestre interior". Trata-se daquela voz calma e sábia que se pronuncia em nosso íntimo quando conseguimos aquietar o ruidoso e quase sempre inútil falatório da mente ordinária. Ou que se manifesta por meio da inspiração genuína,

insights, sincronicidades, imagens simbólicas, sonhos profundamente significativos e tantos outros modos. O "princípio do guru" (*guru tattva*) pode materializar-se, com maior ou menor perfeição, em um indivíduo específico, um guru de carne e osso. Quando esse indivíduo se torna um mestre inteiramente realizado – isto é, quando por seu intermédio já não é o ego que se manifesta, mas a própria Divindade – ele ou ela recebe a denominação de *satguru*.

[61] Em sua reputada e premiada biografia do Profeta Muhammad, o erudito britânico Martin Lings (1909 – 2005), cujo nome islâmico era Abu Bakr Siraj Ad-Din, dedicou um capítulo inteiro à exposição dos diversos graus de realização espiritual da humanidade. Esse capítulo intitula-se precisamente "Os graus". Recorrendo a vários versículos do Corão, Lings estabelece uma hierarquia de quatro graus, sugerindo que, no interior de cada grau, existe ainda uma gradação. Do mais baixo ao mais alto, como se compusessem um cortejo, esses graus recebem, na terminologia corânica, as seguintes denominações, que, obviamente, não têm nada a ver com as conotações políticas que tais palavras adquiriram muitos séculos mais tarde: os da "esquerda" constituem os execráveis, que serão condenados; os da "direita" constituem os excelentes, que serão salvos; à frente dos da "direita", perfilam-se os "justos", considerados ainda melhores; e, à frente dos "justos", estão os "precursores", também chamados de "servos de Deus" ou "achegados a Deus". Como demonstra Lings, muitas outras passagens do Corão e dos Hadiths (os ditos do Profeta) corroboram essa disposição hierárquica. O estudioso enfatiza que "as disparidades entre os homens também se refletem na maneira de ensinar, sendo parte dos ensinamentos reservada àqueles poucos que podiam compreender". E cita uma interessantíssima tradição registrada por Al-Bukhari, renomado biógrafo do século IX, segundo a qual Abu Hurayrah, um dos "companheiros" do Profeta, disse aos muçulmanos que o ouviam: "Guardei em minha memória dois tesouros de conhecimento que recebi do Mensageiro de Deus. Um deles eu divulguei; mas, se divulgasse o outro, cortaríeis esta garganta", afirmou apontando para o próprio pescoço. Esses poucos capazes de suportar o impacto dos ensinamentos mais elevados teriam sido os

primeiros sufis. (*Muhammad: a vida do Profeta do Islam segundo as fontes mais antigas* – São Paulo, Attar Editorial, 2010)

[62] *Ul-Haqq* (a Verdade) é um dos 99 nomes de Deus revelados no *Corão*. Para o pensamento daqueles que assassinaram Al-Hallaj, era inadmissível que qualquer outro, que não fosse o próprio Deus, reivindicasse a condição de ser a verdade. Porém, ao supor que pudesse existir outro além de Deus, eles, de fato, reduziram Deus à condição de "um entre outros".

[63] Entre os símbolos das diferentes religiões mencionados no poema (o mosteiro cristão, o templo hinduísta, a *Torá* judaica, a Caaba e o *Corão* muçulmanos), talvez seja menos compreensível a referência ao pasto de gazelas. A explicação é a seguinte. As gazelas eram animais dedicados à Grande Deusa. E, antes que todo o Oriente Próximo e a Europa fossem submetidos ao monoteísmo de viés patriarcal (judaico, cristão ou islâmico), lá existiam bosques sagrados, associados ao antigo culto matriarcal, nos quais essas graciosas criaturas podiam viver livre e sossegadamente.

Este livro foi composto em Minion Pro e impresso na Gráfica Paym em papel Lux Cream 80 gr. para a Attar Editorial em julho 2019